KB271135

알기 쉬운 신학 이야기

알기 쉬운 신학 이야기

알기 쉬운 신학 이야기

2007년 2월 20일 초판 1쇄 발행

지은이 / 최복태
펴낸이 / 이명권
펴낸곳 / 크리스천헤럴드

등록 / 제 99-1호(1999. 3. 11)
주소 / 서울특별시 광진구 광장동 353
전화 / 446-8391, 446-8399
팩스 / 452-3191
imkkorea@hanmail.net
www.koreanashram.com

ISBN 978-89-87118-36-9 (03230)
        89-87118-36-3 (03230)

값 12,000원

알기 쉬운 신학 이야기

최복태 지음

크리스천헤럴드

여는 말

"어둠에 있는 사람은 희망을 가지십시오. 자유이신 하나님 안에서 떠돌
며 사는 것이 자유입니다. 사랑이신 하나님 안에서 사랑하는 것이
사랑입니다." 〈토마스 머튼〉

    필자는 〈신학 입문〉 및 〈조직 신학 개론〉 관련 강의를
해 오면서 어떻게 하면 초보 신학생들이 쉽게 이해할 수 있도
록 가르칠 수 있을까 고심하면서, 오래 전부터 그에 알맞은
교재를 써보리라 결심했다. 아울러 신학생뿐만 아니라, 일반
학부생들에게 그리스도교 신앙의 개념과 기초 원리를 이해하
기 쉽게 설명할 수 있는 책이라면 더욱 좋겠다고 생각했다.

    『알기 쉬운 신학 이야기』는 평소 필자가 마음속에 품었
던 이러한 계획의 결실이다. 필자는 지나치게 이론적인 틀에

서 벗어나 젊은 세대들이 그리스도교의 진리를 더 쉽게 이해하고 신앙의 원리와 신학에 더 가깝게 다가서도록 하는데 초점을 두려고 노력했다.

그렇기 때문에 이 책은 일반적인 의미에서의 신학 개론서나 입문서와는 다소 거리가 있을 것이다. 그것은 신학생들만을 염두에 두고 이 책을 쓴 것이 아니라, 일반 학생들과 더 나아가 그리스도교를 믿지 않는 사람들도 이 책을 통해 그리스도교 신앙과 신학이 무엇인지 알기 쉽게 이해하도록 쓴 것이기 때문이다.

필자는 『알기 쉬운 신학 이야기』에서 신앙의 기본 개념들과 신학에서 언급된 내용들을 모두 담아 개괄적으로 설명하도록 하였다. 먼저 *"신학을 위한 서론"*에서 신학의 기본 개념과 신학의 기능과 역할에 대해 간단히 설명하고, 본문을 11개의 장으로 나누어 각각 *"그리스도교란 무엇인가?"*, *"하나님은 누구인가?"*, *"하나님의 섭리와 악의 문제"*, *"하나님 안에 있는 인간"*, *"예수는 누구인가?"*, *"그리스도-메시아는 누구인가?"*, *"성령이란 무엇인가?"*, *"성서는 어떤 책인가?"*, *"교회란 무엇인가?"*, *"종말과 그리스도인의 희망"*, *"환원 운동 사상의 역사적 뿌리와 배경"* 이라는 제목으로 그리스도론, 성령론, 성서론, 교회론, 종말론 등 신학의 각 분야를 전반적으로 소개하면서 개괄적이지만, 읽는 사람의 입장에서는 쉽게 이해될 수 있도록 서술하려고 노력하였다.

근세 철학의 아버지로 불리는 데카르트는 "나는 생각한다. 고로 나는 존재한다."라는 유명한 말로서 존재와 인식의 새로운 장을 개척했다면, 20세기 지성사에서 살아있는 양심과 행동하는 신학자였던 디트리히 본 회퍼는 "나는 행동한다. 고로 나는 존재한다."라고 말한 바 있다. 이에 비해 1952년 노벨 평화상 수상자인 알버트 슈바이처는 "나는 아파한다. 고로 나는 존재한다."고 한 바 있다. 저마다 시대가 처한 상황이 달랐고 각자의 삶의 양식 또한 달랐다. 그러나 이들이 공통적으로 추구했던 것은 진리에 대한 사랑과 염원이었다. 그 진리의 추구를 위해 한 사람은 철학적 인식론의 기반을 닦았고, 또 한 사람은 신앙의 양심으로 불의에 저항하다 목숨을 잃었으며, 또 한사람은 아프리카 밀림의 오지에서 인류 평화를 위한 봉사의 횃불을 들었다. 역사는 이러한 의식 있는 선진들에 의해 민주와 평화의 길로 한 걸음씩 더 발전해 간다.

21세는 바야흐로 새로운 문명시대로 돌입했다. 동양과 서양의 만남은 물론 각 종교 전통의 활발한 만남도 다원화된 새로운 시대의 새로운 구원론적 출구를 찾고 있다. 다양한 문화와 전통이 공존하는 시대에 그리스도교의 새로운 정체성을 확인하고자 일찍이 미국에서는 '성서로 돌아가자'는 슬로건을 내 걸고 '환원 운동(Restoration Movement)'을 외친 선구자들이 있었다. '성서가 말하는 곳에서 말하고, 성서가 말하지 않는 곳에서는 멈추는' 이른바 성서 중심의 복음 운동이 일어났던 것이다. 필자는 복음주의적 노선을 따르면서도 이 환원 운동을 존중히 여긴다는 점에서 기존의 〈조직신학〉에서 다루는 내용 이 외에 환원 운동의 역사적 배경과 뿌리를 한 장으로 할당하여 다루었다. 이는 환원 운동의 내용을 모르는 분들에게는 새로운 지식이 될 것이라 생각되며, 환원 운동을 막연히 알았던 분들에게는 그 역사적 뿌리를 새롭게 인식하는 계기가 되리라 믿는다.

모쪼록 이 『알기 쉬운 신학 이야기』를 통해 신학생들이 신학의 세계에 한 발 더 가까이 다가서고, 일반인들이나 불신자들은 그리스도교 신앙의 본질을 더 쉽게 이해 할 수 있기를 바란다. 아울러 이 책이 나올 수 있기까지 40년 동안 해산의 수고를 아끼지 않으시고 후원해 주셨던 은사 최윤권 목사님과, 1년 동안 안식년으로 나의 신학여정을 돌아보며 집필에 몰두 할 수 있는 기회를 주신 서울 기독대학교 총장 이강평 목사님, 힘들어 할 때마다 다시 회복 할 수 있도록 힘이 되어 주신 동료 교수님들과 서울 기독대학교 식구들, 책이 출판될 수 있도록 산파적인 역할을 해준 이명권 박사님, 어려운 문제를 만날 때마다 해결의 실마리를 제공해 주시던 김병문 선생님, 그리고 오늘이 있기까지 항상 훈훈한 마음으로 평생

의 반려로서 힘이 되어준 아내 안정애 사모에게 진심으로
감사드리며 모든 영광을 하나님께 돌립니다.

2007년 2월
최복태

신학을 위한 서론

1. 신학이란 무엇인가?

신학(神學)이라는 말은 어원적으로 신을 뜻하는 그리스어 "데오스(theos)"와 학문을 뜻하는 "로기아(logia)"의 합성어로서 **"하나님에 관해 아는 것"** 혹은 **"하나님에 관한 진술"**이라는 뜻을 담고 있다. 즉 신학은 하나님에 관한 체계적인 지식을 말하는데, 이런 의미에서 신학은 "하나님에 관한 학문"이라고 할 수 있다.

그런데 이러한 정의는 곧 논리적 모순에 빠지고 만다. 어떻게 하나님의 피조물이자 유한한 인간이 창조주 하나님을 '알' 수 있다는 것인가? 하나님이 신앙과 믿음의 대상이 아니라, 지식의 대상이 될 수 있다는 것인가? 도대체 인간의 유한한 능력으로 하나님을 '아는 것'이 가능하고 또 가당키나 한 일인가?

이런 문제에 대해 전통적인 서구신학에서는 신학을 그리스도교 신앙을 "합리적으로(혹은 이성적으로) 설명하는 것"이라고 해석했다. 즉 하나님을 아는 것만이 아니라 하나님은 어떤 분이며 그를 믿는 신앙은 무엇인지, 신앙 체계는 어떻게 구성되어 있는지를 인간의 이성에 의해 구축된 학문 체계를 빌어 설명하는 것이 신학이라고 정의한 것이다.

신학이라는 말을 그리스도교에 처음 도입한 사람들은 초대교회의 교부(敎父)들과 변증가(辨證家)들이었다. 그 당시에 신학은 삼위일체론과 같은 신론(神論)에 한정되었는데 이것은 신학이 원래 변증으로부터 시작했음을 의미한다. 이미 복음서 저자들은 예수의 성육하심을 부정하는 영지주의(靈知主義)에 맞서 완전한 인간으로 오신 그리스도 예수를 변증하려 하였다. 바울의 신학도 그러했는데 바울은 예수가 유대인의 구세주뿐만 아니라 이방인에게도 구세주가 되시는 분임을 변증하려 하였다. 그 이후 초대교회 교부들은 모두 변증 신학자들이었다.

신학은 이후 교의학(敎義學)의 전 영역으로 점차 확대되어 그리스도교 진리 전반에 대한 학문으로 발전하였다. 근래에는 학문이 세분화됨에 따라 신학도 여러 분야로 나뉘어 조직신학과, 성서신학을 비롯하여 역사신학(교회사), 윤리학, 실천신학, 선교학 등으로 이루어져 있다.

신학은 그리스도교가 선포한 메시지가 무엇인지 설명하고 그 진리를 선포할 뿐만 아니라, 그 시대의 정신과 문화 속에서 그리스도교 진리의 진정한 의미를 제시해야 한다. 그러므로 신학의 과제는 메시지(Text)의 본질과 시대적 상황(Context) 사이에서 늘 연관성을 탐색해야 한다. 이것이 바로 그리스도교의 진리에 대한 진정한 변증이라 할 수 있다.

이러한 맥락에서 신학자 파울 틸리히(P. Tillich)는 신학을 "상황 속에서 대답하는 신학"이라고 말했으며 게르하르트(J. Gerhard)는 "하나님의 말씀으로부터 형성되었으며 인간이 참된 신앙과 경건한 생활 가운데서 영원한 생명으로 가르침을 받은 이론"이라 정의하였다. 다시 말해 **"그리스도교의 참된 메시지를 밝히고 그 메시지의 참됨을 새로운 세대에게 해석하는 작업"**이 곧 학문으로서의 신학의 참 뜻이라 할 수 있을 것이다.

2. 신학의 구성 요소와 기능

신학을 구성하는 궁극적 근거는 무엇이며, 그 규범은 무엇인가? 신학은 그리스도교의 언어 구조와 용어를 조직적으로 분석하고 사유하여, 신앙의 대상과 내용을 가장 적절하게 표현하려는 지적 활동이다. 신학의 구성 요소로서는 다음과 같은 것이 있는데, 성서, 전통, 체험, 계시, 이성, 콘텍스트(상황) 등이 그것이다.

첫째, 신학을 구성하는 근거와 규범은 인간으로부터 시작하는 것이 아니라 하나님의 말씀인 성서로부터 시작된다. **교회의 모든 활동은 성서에서 출발하여 이루어진다.** 그런데 이때 성서는 글자나 문자로서의 성서를 말하는 것이 아니라 그 중심에 계신 예수 그리스도를 증언하는 내용을 말한다.

성서는 신학의 텍스트다. 신학은 성서 안에 있는 하나님의 자기 계시의 기초 위에서 늘 새롭게 하나님의 말씀을 듣고 응답하는 학문이다. 그렇지만 성서에 기록된 문자를 단조롭게 반복하는 것이 아니라 하나님의 말씀과 자기 계시를 시대와 장소와 상황에 따라서 다양하게 재해석하고 증언하는 작업이기도 하다.

둘째, 하나님의 구원 계시와 그에 대한 인간의 응답은 공동체 안에서 이루어진다. 이 부단한 만남은 역사적 전통을 통해 형성된 내용으로 전승된다. 전통이란 사람에게서 한 세대에서 다음 세대로, 한 공동체에서 또 다른 공동체로 전승되는 신앙의 규범과 원리들을 담고 있다.

신학은 초대 교회에서 지금까지 전해 내려온 전통에서 많은 가르침을 받는다. 그러나 개신교는 종교개혁의 정신에서 출발하였기 때문에, 교회의 전통보다는 "오직 성서만으로"라는 원칙을 강하게 주장해 왔다. 이것은 성서가 그리스도교 신학의 중심임을 재확인시켜 주는 것이다.

  셋째, 신학이 신앙의 사유로서 이성적 자기표현이라면, 신앙생활의 체험은 신학적 사유의 출발점이 된다. 체험에는 이성적인 것뿐만 아니라 전인적(全人的) 실존이 참여한다. 체험은 이론적, 추상적 성격을 가지는 것이 아니라, 구체적, 경험적, 인격적 성격을 지닌다.
  신학적으로 전인적 실재의 체험에서 신앙이 기원한다는 것을 처음 주장한 신학자는 슐라이어마허(Schleiermacher)였다. 그는 인간의 주관적, 내향적 체험을 신학적 사유의 대상으로 삼았다. 그러나 종교적 체험에 너무 큰 비중을 두려는 신학적 위험성을 가지고 있다. 지엽적인 신앙 체험 형태를 지나치게 강조하면 극단적인 개인적 주관만을 중시할 수 있으며, 개인적 체험을 보편적 원리로 주장하려는 오류에 빠질 수도 있다.

  넷째, 서구신학은 형이상학에 의해 구성되어왔다. 그러나 형이상학에 근거한 신학은 심각한 타격을 받게 되었다. 인간 이성에 기초한 신학에서 벗어나 오직 성서의 계시에 의존하려는 극단적 경향이 대두되었지만 이성을 신학에서 완전히 배제시킨다는 것은 불가능했다. 신학의 기능, 즉 학문임을 포기하는 것이 되기 때문이다.

이성은 내외적으로 체험한 모든 것을 해석, 조정하는 작업을 하는 것이기 때문이다. 사변적 이성에 전적으로 의존하는 순수 형이상학적 신학은 지양되어야 하지만, 이성의 구성적 기능을 적용하는 신학을 발전시킴으로서 맹목적 신앙을 견제할 수 있을 것이다.

다섯째, 참된 신앙이란 이미 지나간 것에 대한 진리성만을 찾는 것이 아니라, 오늘 여기에서(hier jetzt) 일어나는 현장(Context)의 진리를 위해 실천적으로 참여하는 것이다. 신앙의 대상과 신앙의 행위는 불가분의 관계를 가지고 있기 때문에 신학적 사유에서도 이론과 실천은 상호 연관적으로 다루어져야 한다. 신학은 신앙 활동 속에 포함되는 모든 인간의 삶과 정황을 고려해야 한다.

따라서 **신학의 과제는 메시지의 본질과 시대적 상황이라는 두 축 사이에서 끊임없이 연관성을 모색하며 상황에 응답해야 한다**(파울 틸리히). 그것은 신학이 그리스도교의 메시지가 모든 상황에서 영원한 진리가 될 수 있도록 주어진 상황에서 그 메시지의 참 됨을 해석하는 작업이기 때문이다.

그러면 이 세계에서 신학이 존재하는 의의와 그 역할은 무엇일까? 다른 학문과 달리 신학은 순수한 학문적 사유 기능에 머무르지 않고 교회를 위해 봉사하며, 성서의 메시지의 진리를 새롭게 해석하는 역할과 기능을 갖고 있다.

첫째, 신학은 신앙에 대한 지적 봉사로서 그리스도교의 진리와 신앙을 학문적으로 변증하는 역할을 갖는다. 물론 신학의 대상인 하나님은 이 세계를 초월하여 계시기에 단순한 학문적 연구 대상이 될 수는 없다. 이 점에서 신학은 특수한 학문이다. 하나님을 연구하는 신학으로서의 학문은 그 연구 대상인 하나님에 대한 신앙 가운데 하나님에 대한 실존적 참여와 순종 가운데에 서 있을 때만이 가능하다. 틸리히에 따르면 신학에는 의미론적 합리성, 논리적 합리성, 방법론적 합리성 세 가지 합리성이 있는데, 신앙 그 자체는 학문적으로 증명될 수 없지만 신앙에 관한 학문은 이러한 합리적인 개념에 의하여 증명되어야 한다는 것이다.

둘째, 신학은 본질적으로 교회를 위해 기능을 갖고 있다.(칼 바르트) 이러한 맥락에서 에밀 부르너(E. Bruner)는 "신학은 오직 교회의 일원으로 교회의 사명 의식과 교회에 대한 봉사 의식 속에서만 수행된다"고 강조했다. 칼 바르트(K. Barth)도 신학이란 "교회의, 교회를 위한 학문"이란 뜻에서 그의 신학

저술을 『교회 교의학』 이라고 하였다. 그러므로 신학은 교회의 신앙과 선포, 실천, 교회의 머리가 되시는 예수 그리스도의 계시와의 일치성을 추구하는 과제는 안고 있다.

셋째, 교회의 안에서의 신학은 성서 메시지의 진리를 이해하고 해석하는 과제를 갖는다. 그것은 성서에서 말하는 진리의 순수성을 지킴과 동시에 그 진리를 시대 상황 속에서 새롭게 해석하는 것이다. 이는 성서 메시지의 본질을 제시하는 반복적 역할과 시대 상황에서의 성서 메시지의 진리를 해석하고 수용하는 창조적 역할을 말한다.

3. 새로운 시대를 위한 신학적 탐색

지금까지 우리는 신학이란 무엇이며 그 구성 요소와 기능 및 역할에 대해 살펴보았다. 신학의 진정한 목적 가운데 하나는 신앙의 방향성을 제시하는 데 있다. 이를 위해 신학은 신앙의 근원적 물음에 대해 성찰하고 물으며, 질문하고 해답을 추구하는 역동성에서 출발한다. 아울러 우리는 새로운 시대적 변화에 능동적으로 대응하고 상황에 맞는 신학과 올바른 신앙 원칙을 모색해야 하는 과제를 안고 있다.

　이러한 상황에서 신학에도 새로운 패러다임이 요청되는데 첫째, 하나의 학문으로서의 신학은 인문과학 등 여타 학문 분야와 폭넓게 교류하면서 학문적 흐름과 동향에 능동적으로 대처해야 할 것이다. 그리고 둘째, 특정 교파나 교리에 집착하지 말고 삶의 실제적 내용을 담보하는 신학의 정립이 필요하며 셋째, 문화적 다양성과 다문화 시대에 새로운 선교를 위한 이론적 비전과 바탕을 제시해줌으로써 세계를 향해 그리스도교 진리를 전파하는 생명력 있는 구체적인 논거를 제시해야 할 것이다.

제**1**장

그리스도교란 무엇인가?

  예수에 의해 창시된 그리스도교는 세계의 주요 종교들 가운데 가장 많은 신도를 지닌 종교이다. 히브리 민족의 전통 사상인 유일신을 바탕으로 한 유대교를 모태로 하여 계승 발전되고, 모세의 율법적 전통을 넘어 아가페 정신에 입각하여 사랑으로 율법을 완성시킨 예수에 의해 그리스도교는 탄생하였다. 그리스도교는 2천 년의 역사를 거듭해 오면서 오늘날 다양한 형태의 교회로 발전하였다.

  예수의 제자들과 바울에 의해 형성된 초대 교회의 전통에서 시작하여, 중세와 종교개혁의 시대를 거쳐 현대에 이르는 동안 성 베드로 성당을 중심으로 하는 가톨릭교회와 동방 정교회와 영국 성공회, 그리고 퀘이커 교도들이나 여타의 개신교회들이 모두 형태는 다르지만 크게는 그리스도교 전통에 속한 종교다.

동양의 불교나 힌두교 혹은 유교나 도교 등과는 달리 유일신 하나님을 ALE는 그리스도교는 모두 **역사적 예수를 중심으로 하나님께 나아가는 것을 신앙의 기본 원칙**으로 삼고 있다. 그런 점에서 그리스도교는 추상적 원리가 아니라 예수의 탄생과 십자가 사건을 출발점으로 하기 때문에 역사적 종교이다.

역사적 예수는 기원전 4년에 헤롯 대왕이 통치하던 팔레스타인에서 출생했다. 나사렛에서 목수의 아들로 자라난 그는 보통 유대인의 풍습대로 성장했지만 "그 지혜와 그 키가 자라 가며 하나님과 사람에게 더 사랑스러워 갔다"(누가복음 2:52). 당시 임박한 하나님 나라를 전파하며 회개의 복음을 외치던 세례 요한에게 세례를 받고, 30대 초반에 갈릴리를 중심으로 공생애를 시작한 예수는 하나님 나라의 복음을 가르치는 일과 치유 활동에 전념하다가 동족인 유대인과 바리새인 그리고 사두개인들의 시기와 적대감으로 로마 당국에 고발되어 골고다에서 십자가형을 당했다.

예수 이전에 활동한 구약 시대의 예언자나 사제들의 활동이 역사적 예수에게서 사실상 마감되고 예수께서 직접 예언적 기능과 사제의 기능을 수행함으로써 유대교와 그리스도교는 결별되게 된다.

이것은 유대교가 예수를 마지막 예언자 정도로는 인정하지만 하나님의 구원사역을 대신하는 대속적(代贖的) 제사장

신분으로는 인정하지 않기에 유대교가 그리스도교와 결별을 선언할 수밖에 없었던 것이다. 예수의 십자가 처형과 그의 부활을 믿는 제자들과 추종자들에 의해 초대 교회는 탄생하였고, 그의 죽음을 기념하는 성만찬 제도와 함께 점차 교회는 성령의 임재를 느끼면서 유무상통하는 사랑의 원시 공동체로 발전해 갔다. 이러한 원시 공동체는 새로운 사회 질서를 예고하는 혁신적인 공동체였다.

〈누가복음〉에 의하면, 예수는 그가 공생애를 시작하면서 안식일 회당에 들어가 성경을 읽으며 이사야의 메시지를 인용했다. "주의 성령이 내게 임하셨으니, 이는 가난한 자에게 복음을 전하게 하시려고 내게 기름을 부으시고 나를 보내사 포로 된 자에게 자유를, 눈먼 자에게 다시 보게 함을 전파하며 눌린 자를 자유케 하고 주의 은혜의 해를 전파하게 하려 하심이라"(4:18-19). 이 성서 구절을 인용한 예수는 다시 회당에 있는 자들에게 "이 글이 오늘날 너희에게 성취되었다"(4:21)고 했다. 이 말은 예수가 자신의 공생애를 어떻게 시작할 것이며 그 사역의 목적이 무엇인지를 분명하게 천명하는 이른바 공생애의 선언문과도 같은 것이었다. 자유와 구원과 해방이 그것이다.

예수가 받은 성령은 교회와 성서적 전통에 따르면 삼위일체 하나님의 한 분 위격(位格)을 지닌다. 그러기에 성령은 〈창세기〉에 기록된 대로 천지창조의 사역에 동참하고 있다. 〈창세기〉에는 이 영(靈)이 천지창조 때에 "수면 위에 감돌고 있었다"고 표현되어 있다. 하나님의 독생자로 이 땅에 온 예수는 성령과 더불어 공생애를 시작함으로써 구약시대에 활동한 모세나 엘리야 같은 예언자와는 다른 신(神)-인(人)으로서의 사역을 시작했다. 신인(神人)으로서의 예수, 그것이 그리스도교의 기초라는 점이다. 역사적 예수는 성령의 힘에 의하여 마귀를 쫓아내고 병을 치유하면 죽은 자를 살려내는 기적을 일으킨다. 복음서에 이러한 기적 이야기가 많이 등장하는데, 이는 단순한 치유 사건이 아니라 인류를 치유하는 구원론적 의미가 담겨 있는 것이라고 해석된다.

예수의 치유 사건은 하나님의 나라를 이 땅에 실현시키는 징표이기도 했다. 예수 당시의 유대인들은 로마의 식민 통치 하에 있었기 때문에 억압적인 분위기에 있었고, 정치적 자유뿐만 아니라 정신적 자유도 필요했으며 더 나아가 영혼의 근원적 해방을 알리는 영원한 자유를 갈망할 수밖에 없었던 상황이었다.

당시 부유층에 속한 사두개인들은 헬라 문화나 로마 통치에 영합하려 했으나 나머지 유대인 부류들은 야훼 하나님이 세상을 변화시키리라 믿고 있었다. 그러나 그 가운데에서도 엣세

네파는 당시 유대 사회와 세계가 지나치게 타락하여 유대교
자체 내에서는 갱신이 불가능하다고 보았기에 엄격한 규율을
정해두고 경건한 삶을 실천했다. 한편 바리새파는 유대 공동
체 내에서 모세의 법을 철저히 준수함으로써 유대교를 부흥시
키고자 했고, 열심당은 폭력적인 저항을 통해서 민족해방
운동을 일으키려 했던 그룹이었다. 결국 이들이 기원 후 66-70
년경에 반란을 도모하다가 예루살렘 성전의 제 2차 파괴를
초래했던 것이다.

  이러한 시대적 상황 속에서 예수는 물리적 힘이 아니라 원수
도 사랑하는 사랑과 평화를 기초로 한 하나님의 나라를 선포
했다. 그의 이러한 사상은 산상수훈에서 잘 나타나 있다.
예수가 전한 사랑의 복음은 모세가 전한 율법이나 레위 족의
사제들이 강조하던 의례적 거룩함을 포괄하며 넘어서는 이
른바 포월(抱越)의 힘을 지니고 있었다. 성결법은 오히려
그 규정적 법률 조항으로 인해 가난한 자들과 부유한 자들을
가르는 기준이 되어 버렸고 유대인과 이방인의 장벽을 더욱
두텁게 하는 결과를 초래했던 것이다. 이러한 장벽을 헐
수 있는 것은 오직 아가페의 사랑이라고 예수는 외쳤고 그것
을 몸소 실현했다. 이로 인해 예수는 당시에 부정하다고
여겨지던 사마리아 여인이나 창녀 그리고 세리 등과 함께
식탁을 같이하며 밥상 공동체의 새로운 비전을 제시해 주었

던 것이다.

유대인으로 태어난 예수는 이미 유대 민족을 넘어서는 새로운 하나님 나라의 비전을 제시했고, 하나님의 뜻을 따라 과감하게 유대의 성결법이나 금지 조항들을 사랑의 법으로 혁신함으로써, 새로운 공동체를 주창했으나 기존 전통을 지키고자 한 바리새파나 사두개인들은 이를 못 마땅히 여겼고, 결국 예수는 로마 당국에 체포되어 십자가의 형벌을 받게 된 것이다. 사랑의 법이 세속의 정치법에 의해 일시적으로 감금당한 셈이다.

그러나 십자가 처형 이후의 사정은 달라졌다. 사랑의 복음을 외치던 예수를 추종하던 수많은 무리들이 하나 둘씩 예수를 증언하기 시작했고, 부활 사건은 그들에게 영생이라는 새로운 희망을 안겨주기에 충분한 것이었다. **역사적 예수가 신앙의 그리스도로 승격된 것도 바로 이 부활 신앙에 기초하고 있다.**

1. 복음서에 전개되는 신앙의 그리스도

초대 교회의 탄생 배경이 된 신앙의 그리스도는 마가에 의해 첫 복음서가 기록된다. 물론 복음서 중에 어느 것이 먼저 기록되었는가 하는 주장에 몇 몇 학자들 간의 이견도 있지만 필자는 마가복음의 우선설을 지지한다. 〈마가복음〉을 기초로 공관복음서(共觀福音書)가 확대되며, 예수의 제자 요한은 나름의 독특한 방식으로 그리스도의 복음을 헬라 세계에 변증적으로 증거하고 있기 때문이다. 특히 마가는 이적 이야기를 많이 언급하고 있는데, 이는 마가와 그의 공동체가 신앙의 그리스도를 부각시키려는 편집 의도가 깔려 있음도 볼 수 있다. 이 목적 가운데 하나는 로마, 헬라인들에게 복음을 전하는 데는 우선 교리적인 면보다 선교를 위해 기사와 이적의 능력이 더욱 효과적이었을 것이기 때문이라고 볼 수 있다. 복음서에 나타나는 예수의 언어에는 독특한 수사적 방법을 엿보게 된다. 예수의 언설(言說) 가운데 대부분이 '단순과 집약으로 이어진다는 것이다. 짧은 말 속에도 많은 것을 생각하게 하는 훌륭한 비유들이 있는가 하면, 바늘귀를 통과하는 낙타의 비유라든가 열린 무덤과 같은 목구멍이야기, 입으로 들어가는 것이 더러운 것이 아니라 입에서 나오는 것이 더럽다는 등의 수사적인 언어도 풍부할뿐더러 평화를 주러 온 것이 아니라 칼을 주러 왔다거나 불을 던지러 왔다는 표현들은 하나님 나라의 긴박한 도래를 알리는 것들이다.

예수는 이러한 하나님의 나라를 잔치에 비유하면서 거리에 지나가는 사람들이라도 불러서 초대하고 있다. 예수는 또한 스스로 신랑에 비유하기도 한다. 이 모든 증거가 하나님 나라의 시작을 알리는 징표였다. 하나님의 나라는 겨자씨와 같고

누룩과 같아서 점차 확산되어 갈 것이라는 언급도 했다. 그 초대의 가장 본보기가 되는 메시지는 다음과 같다. "수고하고 무거운 짐 진 자들아 다 내게로 오라 내가 너희를 쉬게 하리라"(마태복음 11:28). 이에 대해 **복음서 기자 요한은 보다 더 헬라 철학적인 변증법적 자세로 예수의 메시지를 상기시킨다.** "진리를 알지니 진리가 너희를 자유케 하리라"(요한복음 8:32). 예수가 전한 비유의 대부분은 구원론적 메시지를 담고 있다. '돌아온 탕자', '감춰진 보화'의 비유 등이 그것이다.

예수가 전하는 메시지는 '좁은 문' 비유에서 잘 드러난다. 세상 사람들이 일반적으로 채택하는 삶의 방식은 '넓은 문'이다. 원수가 나쁜 짓을 하면 법적으로 보복하거나 보상을 받아야 한다. 그러나 예수는 원수를 사랑하라고 한다. 당연히 의로운 분노를 거절하지는 않았지만 말이다. 특히 '잃은 양의 비유'를 통해서 알 수 있듯이 예수는 선한 목자로서 99마리의 양을 두고 잃어버린 한 마리의 양을 찾아 나선다. 이것이 예수가 하나님의 아들로서 이 땅의 구원 사역에 임하는 자세다. 일흔 번의 일곱 번도 용서하면서 속옷을 달라 하면 겉옷까지 주는 예수의 자세는 하나님이 인간을 사랑하는 모습의 일면이기도 하다. 베드로의 증언대로 예수의 선한 행동 양식(사도행전 10:38), 그것만으로는 세상의 구세주라고 할 수는 없을 것이다. 그 선함을 넘어서 존재하는 그 무엇이 바로

"하나님의 독생자"라는 고백이다. '하나님의 독생자', 이것이 바로 초대 교회의 찬가였다. "말씀이 육신이 되어 우리 가운데 거하시매 우리가 그의 영광을 보니 아버지의 독생자의 영광이 요 은혜와 진리가 충만하더라"(요한복음1:14).

2. 부활과 그리스도교의 탄생

십자가 처형 이후 제자들은 부활한 주님의 복음을 전파하기 시작했다. 복음서가 증언하고 있는 대로 제자들에게 나타난 예수는 잠긴 문을 통과하고 나타났을 만큼 새로운 형태의 몸을 지닌 예수였다. 이제 부활한 예수는 물리적 공간을 초월하여 나타나는 무소부재(無所不在)한 하나님의 능력과 모습을 지니게 되었다.

바로 이 예수의 부활 신앙이 교회 공동체의 탄생과 그리스도교의 탄생을 알리게 된 것이다. 이제 예수는 골고다의 십자가 고난을 넘어서 인류의 부활이라는 예표(豫表)가 되었다. 사랑이 죽임과 죽음을 이기는 것이 되었고 이 세상의 모든 덧없음을 극복하는 유일한 소망이 된 것이다. 이로써 사도 바울은 "사망아 너의 이기는 것이 어디 있느냐? 죽음아 너의 쏘는 것이 어디 있느냐?"라고 반문하게 되었다. 이러한 바울의 부활에 대한 신앙과 확신은 로마와 지중해 전역에 복음으로 퍼지게 되었고, 부활 신앙을 믿는 이들에게서 그리스도 교회는 든든히 역사 속에 성장하게 되었다.

　예수의 부활 신앙은 바울뿐만 아니라 그를 따르던 열 두 제자를 고무시켰고 순교를 당하기까지 그들은 그리스도에 대한 확신을 저버리지 않았다. 처음에 이 제자들은 예수가 십자가에 처형당하자 겁에 질려 사방으로 도망을 쳤다. 오히려 예수의 죽음에 절망하기까지 했다. 그러나 예수의 부활 소식을 몇몇 부녀자들로부터 전해들은 이들은 예루살렘으로 다시 모여들기 시작했다. 직접 부활한 예수를 목격하기는 했지만 도마와 같이 그때까지도 의심하는 이들이 있었다. 이들에게 예수는 천국의 미래에 대한 확신을 주고 성령이 임할 때까지 예루살렘을 떠나지 말 것을 권고했다. 부활한 예수는 이들을 남겨두고 승천했다(사도행전 1:5). 120명에 달하는 제자들은 예루살렘의 한 집회 장소에 모여 열심히 기도하고 있었다. 이 모임이 열흘째 되던 날인 오순절에 이들은 성령이 강렬하게 임하는 체험을 하게 되었고, 각 지방의 방언을 말하기도 하였다(사도행전 2:1). 이들은 방언으로 하나님의 아들 예수가 부활하였음을 증언하였다.

　이러한 광경을 보고 어떤 이들은 저희가 술에 취한 것이라고 비난했지만, 베드로는 군중에게 술 취한 것이 아니라 구약의 예언자 요엘이 약속했던 성령의 역사라고 증언했다(사도행전 2:16-21). 그 가운데 유명한 구절이 "누구든지 주의 이름을 부르는 자는 구원을 얻으리라(21절)"는 것이다. 베드로는 계속 설교한다. '나사렛 예수가 권능으로 기적을 행했던 사실'과 '하나님께서 예수를 사망 가운데 버려두지 않으시고, 예수를 살리셨고 우리가 이 일에 증인이라'고 선포한다(사도행전 2:22-32). 더 나아가 베드로는 "너희가 회개하여 각각 그리스도의 이름으로 세례를 받고 속죄함을 받으라. 그리하면 성령을 선물로 받으리라"(사도행전 2:36-38)고 하면서 회개와 신앙을 촉구했다. 놀라운 사실은 이 베드로의 설교를 듣고 3천 명이나 되는 사람들이 회개하고 신앙을 가진 것이다. 이들이 모두 사도에게 세례를 받고 성찬을 나누며 성도의 교제를 가졌으니 초대 그리스도 교회의 탄생을 보게 된 셈이다.

오순절 다락방에서 성령을 받은 예수의 제자들은 지중해 세계로 뻗어나가 복음을 선포하여 곳곳에서 선교 활동을 벌였다. 그러나 선교가 결코 자유로운 환경에서 진행된 것은 아니었고 수없는 핍박을 받기도 했다. 로마의 통치 시절에 그리스도인은 발각되는 순간 카타콤이나 원형 경기장에서 곧 사자 밥이 되거나 화형에 처해졌기 때문에 이들은 십자가보다 더 은밀한 암호를 사용했는데 그것이 물고기 모양의 상징이었다.

헬라어로 물고기는 "예수 그리스도 하나님의 아들 구세주"라는 문구의 첫 글자를 모아 놓은 약칭이었다. 이들 신앙의 동지들은 고난과 역경 속에서도 흔들리지 않고 순수함과 평온과 기쁨을 소유한 자들이었다. 그들은 사회적 불평등을 넘어서서 장벽을 헐고 서로를 존경하며 사랑했다. 인종과 성의 차별도 무너졌다. 사도 바울의 고백처럼 "그리스도 안에서는 유대인이나 헬라인이나 남자나 여자나 노예나 자유인이나" 구별이 없었다.

3. 기쁨과 사랑의 공동체

초기 그리스도 교회는 감사와 기쁨의 공동체였다. 이는 사도 바울의 표현에서 잘 나타난다. "우리에게 이김을 주시는 하나님께 감사하노라"는 표현이나 "말할 수 없는 그의 은사를 인하여 하나님께 감사하노라"는 말에서 잘 알 수 있고, 빌립보 감옥에서 보낸 편지도 '기쁨의 편지'라고 할 만큼 기쁨에 충만한 내용을 담고 있다. 초대 교회의 그리스도인들이 고난 중에서도 기뻐할 수 있었던 까닭은 무엇보다 죽음에 대한 두려움이 없어졌기 때문이다. 또한 사자 굴에 잡혀가면서도 담대히 노래를 부를 수 있었던 까닭은 "두려워 말라"는 예수의 음성과 부활을 확신하였기 때문이다.

한편으로 초기 그리스도인들이 기뻐할 수 있었던 이유 가운데 하나는 "믿음으로 의롭게 된다"는 바울의 신앙고백에서 알 수 있듯이, 죄책에서 벗어난 삶을 살 수 있었기 때문이다. 하나님의 형상을 부여받은 이들 사랑의 공동체는 이제 믿음으로 죄책에서 벗어나 자유로운 몸이 되었고, 그 자유로운 몸으로 "서로 사랑으로 종노릇"하게 된 것이다. 사랑의 종노릇, 여기에 참으로 기쁨이 있는 법이다.

한국에서 손양원 목사의 일생을 영화화 한 '사랑의 원자탄'처럼 사랑은 원수를 녹이는 폭탄과 같은 힘과 기쁨을 지니는 것이다. 초대 그리스도인들이 고난 중에서도 기뻐할 수 있었던 것은 예수의 사랑을 경험했기 때문이며, 예수는 또한 하나님께서 성육(成育)하신 분임을 굳게 확신했기 때문이었다.

이러한 사랑의 공식은 바울이 고린도 교회에 보낸 편지에 잘 나타나 있다. "사랑은 오래 참고, 사랑은 온유하며 투기하는 자 되지 아니하며, 사랑은 자랑하지 아니하며 교만하지 아니하며 무례히 행치 아니하며, 자기의 유익을 구치 아니하며 진리와 함께 기뻐하고 모든 것을 참으며 모든 것을 믿으며 모든 것을 바라며 모든 것을 견디느니라"(고린도전서 13:4-7). 초대 교회의 그리스도인들은 이러한 사랑을 실천하기 위해 애썼고 환난과 고통 속에서도 믿음을 잃지 않고 "범사에 감사하며, 항상 기뻐하고 쉬지 않고 기도하기를" 게을리 하지 않았던 것이다.

4. 그리스도와 함께하는 우주적 신앙 공동체

부활한 예수는 이제 시간적 공간적 제약을 넘어서 "두 세 사람이 내 이름으로 모인 곳에 나도 그들 중에 있다"(마태복음 18:20)고 선언한다. 초대 교회의 사람들에게 '그리스도인'이라는 명칭이 붙은 것도 그들이 예수를 '메시아' 곧 그리스도인이라고 믿었기 때문이다. 이러한 메시아가 언제 어디서나 믿는 이들이 모인 곳에 영적으로 함께 임재 한다고 믿었다. 예수와 그를 믿는 자들 사이의 강한 연대감은 예수의 다음과 같은 표현에서 잘 드러난다. "나는 참 포도 나무요 너희는 가지라. 내 안에 거하라 나도 너희 안에 거하리라. 가지가 포도나무에 붙어 있지 않으면 절로 과실을 맺을 수 없음 같이 너희도 내 안에 있지 아니하면 그러하리라"(요한복음 15:1-4).

요한이 포도나무의 비유를 통해 예수와 그의 제자들이 한 몸을 이루고 있다는 표현을 기록하고 있는 반면, 바울은 인간의 몸을 비유로 하여 그리스도와 그의 영적 제자들과의 관계를 설명하고 있다. 그리스도인들이 모인 영적 공동체는 교회를 이루는데, 이 교회의 머리가 곧 그리스도임을 천명하고 있다.

"그리스도 안에서 한 몸이 되어 서로 지체가 되었다"(로마서 12:4-5). 이른바 교회는 그리스도의 신비한 몸이다. 비록 교회가 세속적 부패성을 보일 때도 있지만 그것은 어디까지나 본질에서 벗어난 부분이며 본래적 의미는 언제나 그리스도와의 영적 연합 속에 있는 성령과 은혜와 사랑의 공동체인 것이다.

예수가 이처럼 우주적 차원의 신앙의 대상이 되자, 교회 공동체 내에서나 밖에서 예수의 신분에 대한 신학적 해명이 필요하게 되었다. 이것이 성육신에 관한 교리와 은총의 이론 그리고 삼위일체 하나님과 교회론, 성령론, 종말론, 구원론 등을 체계적으로 진술하거나 변증해야 하기에 이르렀다. 초대 그리스도교가 점차 발전하면서 신학적인 체계도 동시에 발전해 갔다. 신학은 초대 그리스도인들의 종교적 체험을 상징과 결부시켜 체계화시킨 것이다. 성육신 교리는 수세기 동안 논쟁을 거치면서 칼케돈 회의에서 확정되었다. 신인(神人) 예수에 대한 진술은 우주적 신앙의 대상으로서의 예수에 대한 신앙의 확증과도 같은 것이다. 칼케돈 회의의 신조는 예수 그리스도에 대해 다음과 같이 선언한다.

"동시에 온전한 하나님성과 온전한 인간성을 지닌다. 참 하나님이고 참 인간이다... 한 본질은 아버지로서의 그의 신성을 말하는 것이고, 동시에 한 본질로서는 우리와 같은 인간성이다. 모든 면에서 우리와 똑 같으시나 죄에서는 구별되신다."

그리스도가 인간이면서 신이라는 이해하기 어려운 사실에 대해 325년에 콘스탄티누스 황제가 니케아 회의를 소집했을 때에도, 회의에 참가한 주교들은 "그리스도는 아버지와 동등 본체시다"라고 다시 천명했다. 이는 그리스도가 완전한 인간이 자 동시에 하나님이라는 말이다. 이러한 성육신의 주장에는 하나님의 존재 양식이 나타난다. 이를테면 하나님이 자신을 내어주어 육신의 몸을 입게 했다는 것이다. 이것은 하나님이 인간을 위해 고난을 당하셨다는 말과도 같은 것이다. 이러한 성육신은 다시 예수의 삶과 하나님의 의지의 일치를 보이게 하는 대목이다. 예수는 언제나 하나님의 뜻을 따라 살려고 했고, 그 뜻에 철저히 순종했다. 자신이 죽기까지 복종함으로써 만물의 으뜸이 되고, 우주적 그리스도로 신분이 고양되었다.

이제 그리스도는 하나님과 인간을 이어주는 다리가 되었다. 이레니우스는 다음과 같이 말한다. "하나님은 인간이 하나님 에게 이르게 하기 위해 인간이 되셨다." 구속(救贖)이라는 속죄의 의미를 나타내는 영어인 "atonment"는 "at-one-ment" 라는 세 글자의 조합이다. 즉 일체감, 하나 됨을 뜻하는 말이 된다. 구속의 뜻은 화해를 이루어 하나가 되는 것을 의미한다.

하나님과 인간의 벌어진 관계를 그리스도가 신인(神人)으로서의 가교가 되어 일치를 이루게 하였다는 뜻으로 풀이 할 수 있다.

바울이 이 사상을 잘 표현해 주고 있다. "하나님께서 그리스도 안에 계시사 세상을 자기와 화목하게 하셨다"(고린도후서 5:19). 한문의 구속(救贖)이라는 말이 대가를 치르고 구한다는 의미가 있듯이 아담의 원죄 이래, 죄 아래 있는 인간에게 정의로운 하나님은 죄에 대한 대가를 요구하게 되었다. 이에 예수는 십자가 형벌이라는 대리적 희생을 통해 인류의 죄에 대한 대가를 지불한 셈이다.

그리스도가 인간의 죄를 속죄하였다고 할 때의 죄는 여러 가지로 해석할 수 있지만 하나님과의 단절 혹은 하나님과의 관계가 바르지 못한 것을 의미한다. 하나님과의 일치와 연합에 이르지 못한 자는 언제나 불안과 소외 속에 살게 된다. 이른바 죄책감에 시달리는 것이다. 이에 대해 어거스틴은 "하나님을 사랑하라. 그리고 네 마음대로 행하라"고 말하기도 했다. 진정 하나님을 사랑한다면 자신의 마음대로 행하는 것이 하나님의 뜻에도 어긋나는 것이 아니기 때문이다. 그러나 대부분의 사람들은 바울의 고백처럼, "내가 원하는 바 선을 행하지 아니하고 원치 아니하는 악은 행한다"(로마서 7:19). 따라서 이 "사망의 몸에서 건져낼 자"(로마서 7:24)

가 필요한 것이다. 인간의 공통적인 고백인 해방의 성취를 위한 해답이 바로 그리스도라는 점이다. 이것이 그리스도의 속죄다.

다음에서 구체적으로 하나님은 누구인가 하는 문제를 언급할 때 살펴보겠지만, 그리스도교에서는 삼위일체 하나님을 믿는다. 삼위일체 비유에 적합한 것은 아니지만 하나님의 존재는 물의 성분이 고체가 되기도 하고 액체가 되기도 하며 기체가 되기도 한다는 점을 상기시키기도 한다. 어쩌면 이 삼위일체의 교리야 말로 비록 4세기에 신학적인 논쟁을 매듭짓기는 하였지만 그리스도교를 특징짓는 아주 중요한 요소다. 이 교리로 인해 유대교와 이슬람 등의 교리와 근본적인 차이를 보이는 것이기 때문이다. 예수의 신성이야말로 그리스도교의 출발점이다. 성부 하나님과 성자 예수 그리고 성령 하나님에 대한 삼위일체 교리는 다음 장에서 언급하기로 하겠다.

지금까지 그리스도교의 성격에 대해 고찰해 보았다. 그것은 어디까지나 일반적 견해에 따른 것이었다. 초대교회 이후 교회의 전통은 크게 세 부류로 나누어졌다. 바티칸을 중심으로 한 로마 가톨릭 교회와 그리스와 슬라브 지역의 동방 정교회 그리고 개신교회가 그렇다.

초대 교회는 로마 당국의 박해를 받아 오다가 313년에 비로소 공식적인 종교로 승인을 받게 되었고, 380년에 이르러 로마제국의 국교로 발전했다. 1054년 지리, 문화, 정치적 이유 등으로 결국 동방의 정교회와 서쪽의 로마 가톨릭교회가 분열을 보였고, 16세기에 마르틴 루터(M. Luther)에 의한 또 한 번의 종교 개혁으로 개신교의 새로운 탄생을 경험하게 되었다.

개신교 내에서도 또 다시 수많은 종파가 형성되었는데, 장로교, 루터교, 성공회, 감리교, 침례교, 그리스도의 교회, 오순절 교회 등의 커다란 종파가 형성되기 시작했다. 그러나 이들 다양한 종파적 성격에도 불구하고 그리스도교는 삼위일체 교리에 대한 공통의 신앙고백으로부터 출발하여 교회론, 구원론, 종말론 등에서는 다소간의 견해차를 보이고 있는 것도 사실이다. 이제 다음에서 구체적으로 하나님, 예수, 성령, 교회, 구원, 종말 등의 주제를 차례대로 살펴보기로 하자.

제 2 장

하나님은 누구인가?

1. 삼위일체 하나님

그리스도교 신학은 하나님에 대한 신앙과 이해로부터 출발한다. 하나님에 대한 논의는 크게 두 가지로 구분하여 진행될 수 있다. 하나는 하나님이 존재 한다고 믿는 유신론적 입장의 논의이며 다른 하나는 하나님이 존재하지 않는다고 믿는 무신론적 입장의 논의이다. 포이에르바하(L. A. Feuerbach)가 "신은 인간이 만들어 낸 산물"이라고 말한 이후 마르크스(K. Marx)나 엥겔스(F. Engels)도 그의 영향을 받아 무신론적 견지에서 그리스도교를 공격하기도 했다. 그 후 프로이드도 동일한 맥락에서 하나님에 대한 신앙을 유아기적 환상이라고 보고 유신론적 신앙을 비판했다.

그러나 그리스도교는 역사적 예수의 생애와 그 가르침이 담겨있는 성서를 기초로 하는 신앙고백의 공동체다. 이는 예수를 직접 목격하고 체험한 증인들의 신앙고백이 담겨있고, 그 신앙고백을 중시하는 사람들의 체험적 증언에 따라 교회는 2천 년이 지난 오늘날까지 생명력을 이어가고 있다.

역사적 예수의 생애는 초지일관 하나님의 뜻에 따라 살다간 생애였다. 그러므로 예수의 삶을 이해하기 위해서는 반드시 하나님 이해가 전제되지 않으면 안 된다. 하나님은 누구시며, 하나님은 어떻게 그리스도와 관계하며 또한 어떻게 인간과 역사에 관계하는지를 묻지 않을 수 없다. 오늘날 현대인들은 하나님에 대한 이해를 비과학적인 것이라 하여 거부하는 사람들도 많다. 특히 **계몽주의 시대 이후에는 이성과 신앙이 서로 모순되는 것이라고 보고 이성에서 벗어나는 사유를 제거하고 신앙을 비판하려는 사람이 많다.** 더욱이 하나님의 존재를 의심하는 사람들 가운데는 2차 세계대전의 참혹상과 유대인 대학살, 흑인 노예의 고통, 기근과 대재난 등을 겪으면서 하나님의 존재를 부정하는 이들도 있다. 그럼에도 불구하고 여전히 하나님의 존재는 인간 존재와 더불어 역사 속에서 끊임없이 거론되어 왔다.

하나님을 아버지라고 부르는 점에 대해서 일부 여성 신학자들은 오래된 가부장적 제도의 모순을 보여주는 것이라고 지적하면서 하나님의 모성(母性)을 강조하기도 한다. 이들은 가부장적 전통의 권위를 가지고 성적 억압은 물론 '힘을 오용'함으로써 자연에 대한 파괴도 일삼아 왔다고 주장한다.

이러한 주장들에 대해 그리스도교 전통에서는 하나님을 어떻게 묘사하고 있는가? 이러한 비판들에 대해 성서적 전통에 따른 비판적 논증이 요구된다. 성서적 전통에서의 하나님 이해는 무엇보다 예수 그리스도를 통해 하나님이 계시되고, 성령의 역할과 더불어 설명된다. 그런 점에서 하나님의 이해는 삼위일체적일 수밖에 없다. 일반적으로 하나님 아버지는 창조자, 아들 예수 그리스도는 종으로 오신 구세주, 성령은 새 하늘과 새 땅의 소망을 갖게 하는 위로자의 역할로 규정된다.

삼위일체 하나님에 대한 이해는 언제나 충분히 납득될 수 있는 이야기가 아니다. 그런 점에서 신비로울 뿐이다. 다만 성부 성자 성령의 본질이 하나임을 말할 뿐 어떤 적절한 설명 방식을 얻어내기가 어렵다. 삼위일체 교리는 성서의 증언을 종합한 복음의 메시지에 대한 수 세기에 걸친 교회적 반성과 사색의 산물이다. 동시에 세상을 사랑하고 역사와 관계하는 사랑의 하나님에 대한 교회의 신앙고백이기도 하다. 이러한 삼위일체 교리를 보다 더 적절히 설명하기 위한 성서적 근거는 무엇일까? 이는 〈마태복음〉 28장 19절과 같은 몇몇 성서 본문 내에서 설명 될 수 있기보다는 신약성서의 전반적인 메시지를 종합한 구조 속에서 더욱 잘 설명 될 수 있다. 한마디로 하나님의 삼위일체적 존재 방식은 "**성령에 의해 예수 그리스도를 통한 하나님의 사랑의 역사**"라고 이해할 수 있다.

신약성서의 증언들은 모두 '성령에 의한 아버지와 아들'의 관계에 집중한다. 몰트만(J. Moltmann)은 복음을 "**아버지와 아들과 성령의 위대한 사랑의 이야기**"라고 규정한다. 성령에 의해 예수 그리스도를 통해 하나님이 세상에 오셨다(로마서 5:1-5, 8:9-11)는 이야기는 삼위일체적 관계를 잘 설명해 주는 대목이기도 하다. 삼위일체는 단순히 사색적 존재론이 아니라 사랑의 관계적 존재를 말한다. 어거스틴의 말을 빌리면, 하나님의 삶 속에는 공동체적 '사랑의 사회'가 있다. 이른바 하나님이 세상을 향해 아들을 통해 자신을 '내어주는' 사랑의 존재 방식이다.

삼위일체론이 고전적 전통으로 확고하게 자리 잡는 데는 기원 후 325년의 니케아 회의와 381년의 콘스탄티노플 회의가 중요한 역할을 했다. 이 때 확정된 정의가, 하나님은 "**본질에서는 하나지만 품격은 셋으로 구분된다.**"(mia ousia, tres hypostases)는 것이다. 하나의 본질을 말하는 것은 분명 아버지와 아들과 성령을 서열화하고 아버지에게 모든 것을 종속시키는 **종속론**(subordinationism)을 거부한다는 것이다. 또한 예수의 사역이나 성령의 유출 등이 단지 하나님의 가면에 불과했다는 **양태론**(modalism)을 거부하는 것이다. 동시에 삼위일체론은 성부 성자 성령이 각각 개별적으로 분리된 존재일 뿐이라는 **삼신론**(tritheism)도 거부한다. 삼위일체 하나님의 이해는 무엇보다 '사랑의 원리'에 귀속된다. 왜냐하면 본질상 사랑이시기 때문이다(요한일서 4:8).

그리스도교 전통에 벗어난 하나님 이해는 삼위일체를 부정하는 형식으로 나타난다. 이른바 하나님을 우주의 제1원리로 해석함으로써 예수의 역할이나 성령의 차원은 축소되거나 제거된다. 이와 대조적으로 하나님에 대한 이해는 없어지고 오직 예수 지상주의만 판을 치게 되어 '하나님의 소외' 현상을 가져오는 경우이다.

한편 성령의 은사만이 전부인 듯 생각하는 경우도 삼위일체 하나님 이해를 왜곡시키는 현상이 된다. 여기에는 창조의 세계나 예수의 수난은 무시되기 쉽다. 균형 잡힌 삼위일체의 이해가 필요하다. 물론 하나님의 아버지 되심에 대해 여성성을 주장하는 이들도 있다. 사실 자기 백성을 보호해 주시는 아버지로서의 역할(역대상 22:10, 시편 103:13)뿐만 아니라, 어머니로서의 이미지도 있다(이사야 49:15, 66:12). 하나님의 남성성이나 여성성을 떠나 중요한 것은 하나님께서 세상을 사랑하시고 돌보시며 구원하신다는 점이다.

무엇보다 삼위일체 하나님 이해의 중요성은 타자를 위해 자신을 내어주며, 상호 의존하는 공동체적 성격과 미래를 향한 창조적 사랑의 원리로 존재 한다는 점이다. 하나님은 본질적으로 사랑 안에서 품격간의 교제(koinonia)를 나누는 분이다. 삼위일체의 인격들은 서로가 고립적인 것이 아니라 사랑을 주고받는 관계적 존재다. 이것은 또한 인격적 관계로서 서로 내재하면서도 서로에게 여지(餘地)를 남겨두는, 그러면서도 서로에게 호의적이고 매우 아름다운 '하나의 춤'을 이룬다. 이제 **삼위일체 신학은 사랑을 바탕으로 하는 공동체적 정신이며 평등을 이루는 사회적 실재를 천명하는 것이라고** 볼 수 있다.

2. 선한 세계의 창조자 하나님

성서는 하나님의 첫 번째 행위가 창조임을 말해준다. "태초에 하나님이 천지를 창조하셨다."(창세기 1:1). 그것은 무에서 유를 창조한 것으로 인간이 재료를 가지고 제작한 행위와는 근본적으로 구별되는 행위다. 삼위일체 하나님은 세계 창조에도 공동으로 기여했다. 창조주 하나님에 대해서는 많은 논의가 필요하겠지만 우선 성서적 입장에서 볼 때 크게 4가지의 논의가 가능하다. **첫째, 하나님은 세상의 창조주라는 점이**

다. 〈창세기〉 1장에서 2장에 걸쳐 우주와 자연 그리고 동식물과 인간을 창조한다. 하나님이 천지를 창조했을 뿐만 아니라 세계의 통치와 보존과 구원을 계획하신 분이라는 사실은 하나님이 자신의 형상대로 인간을 창조한 이후, 곧 창조의 마지막 날에 이 같은 의지를 보였던 것에서 알 수 있다.

창조에 관하여 인간 중심적인 세계관은 중대한 후유증을 남겼다. "생육하고 번성하라. 땅에 충만하고 땅위에 움직이는 모든 동물과 바다의 고기, 하늘의 새들을 다스리라"(창세기 1:28). 이 구절에 대한 지나친 인간 중심적 해석으로 사람들은 자연에 대한 무자비한 개발로 생태계를 파괴하고 환경을 오염시켜 왔다. 하나님은 인간에게 자연을 정복하라고 한 것이 아니라 잘 관리하라고 했던 것이다. 자연에 대한 파괴는 오늘도 이미 세계 곳곳에서 재난을 불러 오고 있다. 자연 세계의 남용으로 인한 해양 오염과 땅의 사막화 현상, 산업 쓰레기의 범람, 자동차 공해로 인한 오존층의 파괴, 지하수의 고갈 등은 이미 정도를 넘어 전 지구의 생태계를 위협하고 있는 실정이다.

창조에 관한 이러한 인간 중심적 이해를 벗어나서 하나님 중심적 사고로 전향한다면 지구와 모든 인간이 하나님의 것(시편 24:1)임을 고백하게 될 것이다. 인간과 세계의 통치권이 인간에게 있는 것이 아니라 창조주 하나님에게 있음을 고백하게 된다. 피조물 가운데 인간은 유일하게 "하나님의 형상을 따라 창조 되었다"(창세기 1:26, 28). 인간이 다른 피조물보다 특권을 부여받은 것은 사실이지만 동시에 인간에게는 다른 피조물과는 다른 특별한 책임과 의무도 지니게 되었다. 책임은 곧 인간이 하나님의 창조된 세계를 관리하는 '청지기'로서의 역할을 감당해야 한다는 점이다.

창조주 하나님에 대한 논의 가운데 **두 번째는 하나님이 태초에 천지를 창조했다는 점이다.** 이 말은 세상의 시작이 하나님의 창조로부터 시작된다는 점이다. 태초의 개념은 〈창세기〉 1장 1절과 〈요한복음〉 1장 1절에 같이 나온다. 〈창세기〉가 우주의 시작을 알리는 성서의 첫 구절이라면, 〈요한복음〉은 그리스도의 우주적 변증이라는 성격이 강하다. 이들 두 구절은 창조가 구체적으로 어떤 방법으로 일어났는지를 설명하려는 것이 아니라 단지 창조 이전에도 삼위일체 하나님은 '시간' 혹은 '공간'의 차원을 넘어 존속하셨지만, 무에서 유를 창조하시는 그 순간 역사 속으로 개입하셨고, 창조를 통해 하나님과 피조물의 관계 속에서 시간이 형성되게 되었다. 하나님은 시간을 초월해 있지만 역사와 더불어 '시간'마저 창조하신 분이다. 이 시간 속에서 하나님은 과거와 현재 그리고 미래를 창조적으로 열어 가신다.

　셋째, 유일신 하나님은 선한 창조주이다. 성서에 묘사된 하나님은 빛과 진리, 질서와 같은 선한 힘으로 활동하신다. 어두움과 거짓과 무질서를 극복하고 악을 이기는 선한 하나님이다. 하나님의 선한 창조에 저항하는 악의 힘이 존재한다. 그러나 하나님은 악을 창조하지는 않았다. 이 문제는 신정론(神正論)에서 다루겠지만, 악은 하나님을 알고 섬기는 것을 거부하고 하나님의 선한 창조를 잘못 사용하는 반역적인 창조물에서 온다는 것이 고전적인 견해다. 〈창세기〉에 따르면 하나님은 창조하신 모든 것에 대해 "매우 좋았다"고 선언한다(창세기1:31). 이에 대해 피조물도 기쁨으로 하나님께 영광을 돌린다. "하늘이 하나님의 영광을 노래하고 창공은 그의 솜씨를 알린다"(시편19:1). 그럼에도 불구하고 인간의 죄의 결과와 더불어 모든 창조는 죄와 구원이라는 신비한 드라마 속에 얽혀있다. 인간과 피조물들이 다가올 하나님 나라를 내다보면서 고통과 희망 속에 함께 묶여 있다.

　넷째, 하나님은 세상을 초월하면서도 세상 속에서 사랑으로 역사하신다. 창조자와 피조물 사이에는 초월과 내재의 역동성이 있다. 그것이 하나님이 세상을 창조하신 후 세상과 관계하는 방식이다. 창조자가 세상과 관계하는 방식을 놓고 여러 이견이 있어 왔다. 유일신론(theism), 범신론(pantheism), 만유내재신론(panentheism) 등이다.

유일신론은 전통적 그리스도교가 지지하고 따르는 이론으로 서 창조자와 피조물 사이의 엄격한 차이와 강조를 주장한다. 반면에 범신론을 주장하는 이들은 그리스어의 'pan'이라는 '모든 것(凡)'과 'theos' 즉 '신(神)'이라는 말이 결합 된 것으로 서, 모든 것이 하나님으로부터 온다는 유일신론과 달리 '모든 것이 하나님이다'는 뜻을 지닌다.

범신론은 생태학적 위기에서 자연의 중요성을 강조하거나, 가부장적 이미지를 거부하는 여성 인권운동가들에게 많은 영감을 주었다. 범신론이 주는 이미지는 모든 피조물들이 하나님의 현존을 함께 경험한다는 측면도 있지만 창조주와 피조물의 구별을 강조하는 유일신론의 측면이 약화된다. 동시에 범신론의 하나님은 피조물과 함께 섞여있다.

그렇기에 창조주에 대한 경배는 창조물 자체에 대한 경배가 된다. 이렇게 될 때 모든 것을 새롭게 하고 사랑과 정의와 구원의 능력을 통해 세상을 구원하는 하나님의 능력을 믿기보다는 스스로 세상을 구해야 하고 또 구할 수 있다고 믿는다. 유일신론이 가부장적 권위주의에 치우칠 위험도 없지 않지만 **범신론 또한 하나님과 피조물 사이의 간격을 무시해 버리는 결과도 가져오게 됨을 알아야 한다.**

만유내재신론은 존재하는 모든 것은 하나님 안에 있다. 이 이론에 따르면 세상은 하나님 안에 있고 하나님은 세상 안에 있다. 현대 신학자의 한 사람인 몰트만이 세상과 분리된 초월적 하나님을 강조하는 유일신론과 이 세상 속에 하나님이 내재한다는 범신론의 장점들을 받아들이고 보완하여 제시한 이론이다. 몰트만에 따르면 '모든 것 안에 모든 것' 되시는 하나님은 세상과 결코 혼합될 수 있는 분이 아님을 천명한다. 동시에 하나님은 세상과 분리될 수 없고 모든 순간에 세상과 더불어 있음을 말한다. 예수 그리스도를 통해서 우리에게 오신 하나님은 세상과 더불어 호흡할 뿐 아니라 피조물들도 예수 그리스도 안에서 존재 가치를 얻는다(골로새서1:16).

그리스도교적 만유 내재신론은 하나님의 편재(遍在)하심을 믿는 것이요, 우리에게 생명을 주심과 동시에 우리의 모든 삶 속에서 두루 지켜보시고 매 순간 길을 안내하신다는 것을 믿는 것이다. 이 모든 이론으로서도 우리는 하나님의 신비한 존재 방식을 충분히 이해할 수 없다. 다만 중요한 것은 성서적 증거로 볼 때 창조주는 창조된 세상과 그 속에 있는 모든 것들에 대해 독립적으로 초월해 있으면서도 하나님은 사랑으로 자신을 내어 줌으로써 창조된 세계를 변혁하고 그 속에서 미래를 열어가는 내재적인 하나님이시라는 것이다.

제3장

하나님의 섭리와 악의 문제

1. 하나님의 섭리를 어떻게 이해할 것인가?

인간이 하나님에 관한 이야기를 진행하면서 풀기 어려운 또 하나의 문제는 하나님의 섭리와 악에 관한 문제다. 하나님의 섭리는 하나님의 계시(啓示)를 통해 이해할 수 있는 문제이기도 하기 때문이다. 계시는 성서를 통해 세상 가운데 그리스도 안에서 보여준 신비한 하나님의 행위 일체를 말한다. 신앙의 출발점도 바로 이 계시에 관한 믿음이다. 자연을 통해 보여주는 세계 창조 속에 숨겨져 있는 하나님의 신비한 모습을 엿보는 것을 **일반** 계시라고 한다면 성서와 예수 그리스도의 삶을 통해 구체적으로 활동하시는 하나님의 모습을 **특별** 계시라고 한다.

사실상 계시로 인한 지식은 신앙의 눈으로 볼 수 있는 지식이지, 이성의 눈으로 완벽하게 파악 할 수 있는 것이 아니다. 바울도 그 문제에 대해 다음과 같이 말하고 있다. "우리가 이제는 거울로 보는 것 같이 희미하나 그 때에는 얼굴과 얼굴을 대하여 볼 것이요 이제는 내가 부분적으로 아나 그 때에는 주께서 나를 아신 것 같이 내가 온전히 알리라"(고린도 전서 13:12). 지금 우리가 알 수 있는 것은 오직 부분적인 지식일 뿐이요, 그것도 희미한 것에 지나지 않는다. 그런 점에서 칼 바르트의 말처럼 모든 신학은 필연적으로 '완전하지 못한 사고'이다. 이 점은 세상 속의 악의 문제를 대할 때 더욱 그러하다.

그리스도인은 하나님의 주권을 고백하지만 세상의 고통과 재난을 당할 때는 악의 참혹한 실재에 대해 당황하게 된다. 성서는 모든 피조물에게 끊임없는 사랑과 돌보심을 말한다 (시편 104:27-30, 마태복음 5:45, 6:26-30, 10:30). 그러나 고대의 역사로부터 늘 그래 왔지만 20세기에도 두 차례나 세계대전을 치렀다. 핵무기를 동원한 가공할 만한 파괴력은 엄청난 인명 피해를 초래했다. 걸프전과 이라크 전쟁 등 중동 전쟁의 참사와 아프리카의 내전과 학살 등은 참으로 비참하다. 에이즈로 죽어가는 선의의 피해자는 또한 얼마인가?

세상 속에 이토록 많은 악들은 무엇으로 설명이 가능하다는 말인가? 이러한 문제에 대해 신학은 솔직히 대답해야 하는 신정론의 질문에 부딪히게 된다. 이른바 **하나님이 전능하시다면 왜 세상에 이토록 많은 악이 존재하는가** 하는 질문이다. 여기에는 두 가지 차원의 악이나 고통이 존재한다.

하나는 치명적인 질병이나 생로병사를 포함한 자연적 고통과 재난으로서의 악의 문제이며, 다른 하나는 인간이 저지르는 도덕적 악이다. 자연적 재난에는 교통사고에서부터 대지진에 이르기까지 끔찍한 참사들이 주변에 얼마든지 어느 때든지 볼 수 있게 발생한다.

다른 하나는 현대 문명사회 속에서도 인간의 내면에는 끔찍한 증오심이 내재하여 수시로 전쟁을 일으키곤 한다. **아우슈비츠로 대표되는 홀로코스트처럼 무고한 고통은 하나님이 존재하지 않는 것 같은 느낌을 갖게 한다.** 사실 유대인들이 당한 학살보다 우리 한민족의 근세사에서도 일본인에게 당한 수난을 생각하면 그보다 고통의 크기는 훨씬 더한 것도 있다. 이른바 생체 실험과 같은 끔찍한 고통과 죽임 등이 그렇다.

이러한 고통의 참담함을 예수 자신도 십자가 위에서 경험했다. 그는 울부짖었다. "엘리 엘리 라마 사박다니(나의 하나님, 나의 하나님 어찌하여 나를 버리시나이까?)"(마가복음 15:34). 이러한 질문에 대하여 신학자 어거스틴은 『하나님의 도성』이라는 책에서 세상의 모든 악은 하나님에 의한 것이 아니라, 피조물 자신들이 잘못 사용한 자유 의지의 남용에서 비롯된 것이라고 판단했다.

이에 대해 칼빈(J. Calvin)은 섭리론을 주장하면서 "모든 사건은 하나님의 은밀한 계획에 의해 통치되고, 어떠한 것도 하나님에 의하여 기꺼이 정해지지 않은 것은 없다"는 예정론을 설파했다. 어거스틴이나 칼빈의 가르침은 어떠한 역경 속에도 믿음으로 극복해야 하는 겸손함을 가르쳐 준다는 이점도 있다. 그리고 끝내는 하나님의 알 수 없는 비밀스런 힘으로 그리스도인을 승리로 이끌 것이라는 희망을 갖게 한다.

그럼에도 불구하고 칼빈이 말한 대로 "성서가 역병, 전쟁, 그리고 다른 재난들이 우리의 죄에 대한 하나님의 징벌이라고 가르친다"는 주장은 다소 문제가 있다. **모든 고통을 반드시 죄의 문제로 귀결시키려 해서는 안 되기 때문이다.** 예수도 장님을 보고 그 자신이나 부모의 죄 때문이라고 한 것이 아니라고 했던 것을 상기해 볼 필요가 있다(요한복음 9:1-3). 칼빈은 이 점에서 죄와 고통의 문제를 지나치게 단순화한 셈이다. 악과 고통의 문제를 놓고 하나님께서 인간을 교육시키기 위한 방편으로 설명하는 경우도 있다. 바울의 생각도 이것과 크게 다르지 않다. "현재 우리가 겪는 고난은 장차 우리에게 나타날 영광에 비하면 아무것도 아니다"(로마서 8:18). 그러나 그렇다고 해도 무고한 고통이나 있어서 안 될 불필요한 악이 횡행해도 좋다는 뜻은 결코 아니다. 정의로운 투쟁을 하는 가운데서 벌어지는 고통은 장차 영광에 비하면 족히 견뎌야만 하는 것이라는 뜻이다.

2. 하나님의 섭리와 고통에 대한 새로운 해석

성서에 의하면 하나님은 피조물의 자유를 존중하면서 자신의 목적을 이루어 가신다. 칼 바르트도 하나님의 절대 주권은 언제나 그리스도 안에 나타난 계시의 빛에 의해서 이해되어져야 한다고 주장했다. 이 말은 그리스도 중심적 삼위일체 개념을 더욱 강화하는 것으로, 하나님은 오직 예수 그리스도 안에서 세상과 관계하며 섭리하고 통치하신다는 것을 전제로 하는 것이다. 바르트는 섭리를 보존과 동반 그리고 통치의 개념으로 해석한다. 보존은 피조물에 대한 보존으로서 은혜의 행위이며, 동반은 하나님이 피조물과 생명을 공유하며 피조물의 자유로운 활동을 보장하신다는 뜻이고 피조물을 마지막 궁극적인 방향으로 이끌기 위해 통치하신다는 것을 말한다.

하나님의 섭리와 통치도 결국은 하나님이 피조물을 전적으로 배제하고 지배의 논리에 따라 다스리는 것이 아니라 하나님의 뜻 가운데 이루어지는 피조물들의 자율성을 존중하는 범위 안에서 이루어지는 것이다. 바르트에 의하면 악은 창조의 활동 속에서 하나님께서 원하지 않으셨던 것으로부터 오는 '무(無)'라는 소외된 힘이라고 설명했다. 여기서 무는 아무것도 없다는 뜻이 아니라 하나님이 원하지 않았고, 하나님과 동일한 것도 아니며 하나님의 뜻과 모순되는 것으로, 무 그 자체는 엄청난 파괴력을 지닌 것이다. 이러한 바르트의 견해는 현대 신학에서 섭리에 대한 새로운 통찰을 주기도 하지만 다소 사변적으로 치우친 설명으로 인해 고통과 악의 실재에 직면한 인간의 인내와 항변 사이의 긴장 관계를 충분히 설명해 주지 못하는 한계를 지니고 있다.

한편 과정신학(process theology)을 주장하는 학자들은 악의 문제에 관한 한 하나님의 능력은 제한적이라고 주장한다. 하나님의 능력은 강제적인 힘이 아니라 설득적이다. 이를테면 창조도 무로부터의 창조가 아니라 저항하는 물질을 설득적으로 지어낸 결과일 뿐이라고 한다. 그러기에 하나님은 힘을 독점하지도 않고 할 수도 없기에 대참사를 막는다거나 교통사고 같은 재난을 막을 수도 없다는 것이다. 과정신학자들의 견해에 의하면 하나님은 이 세상의 힘의 일부만을 지니고 있을 뿐이다. 그러기에 하나님은 악의 잠재성이 태동하도록 막지 못했다는 측면에서 악에 대하여 간접적으로만 책임이 있을 뿐이다. 그렇다 하더라도 하나님이 비난받을 수 없는 까닭은 하나님은 언제나 선을 의도하시고 세상의 고통을 함께 나누기 때문이라는 것이다. 이것이 과정신정론이다. 이러한 과정신정론은 두 가지 결정적인 점에서 성서적 증언과 위배된다. 하나는 무로부터의 창조를 거부한다는 점이며, 다른 하나는 고통과 악에 대한 선의 최종적인 승리를 받아들이지 않기 때문이다.

존 힉(J. Hick)과 같은 학자가 주장한 **인간형성 신정론**(Person- making theodicy)은 한마디로 고난과 악의 경험은 성숙을 지향하기 위한 것이라고 보는 관점이다. 이 견해는 다소 사변적이어서 사회 윤리적 약점을 지니고 있다. 이를테면 고통의 제거를 위한 노력보다는 고통의 수용이라는 측면에 강조를 두기 때문이다. 고통으로부터 배워야 할 것은 물론 얼마든지 있다. 그러나 마땅히 제거되어야 할 고통을 그대로 방치하는 것도 문제다. 특히 이러한 관점은 해방신학자들로부터 거센 저항을 받게 마련이다.

해방신정론(Liberation theodicy)에 따르면, 출애굽 전통에서 볼 수 있듯이 하나님은 가난한 자들과 억압받는 자들의 고통에 대해서 침묵하지 않고 해방시키는 일을 하신다고 믿기 때문이다. 신정론에 관한한 다양한 이론들이 제기될 수 있으나 여전히 남는 숙제는 있다. 다만 성서적 전통에 의하면 하나님이 직접 악을 창조하지 않았다는 문제와 반드시 선한 하나님은 악을 이기고 끝내 승리하신다는 점은 아무리 강조해도 지나치지 않을 것이다.

제**4**장

하나님 안에 있는 인간

인간이란 무엇인가? 이 물음에 대한 답변 방식은 다양하다. 심리학적 관점과 철학적 혹은 생리학적 관점에 따라 인간을 이해하는 방식은 다양하지만 그리스도교 신학에서는 인간을 하나님 안에 있는 인간으로 설명한다. 사도 바울이 이를 입증하고 있다. "우리가 그를 힘입어 살며 기동하며 존재하느니라. 너희 시인 중 어떤 사람들의 말과 같이 우리가 그의 소생이라"(사도행전 17:28).

이와 관련한 유명한 일화가 있다. 19세기의 철학자 쇼펜하우어(A. Schopenhauer)가 어느 날 '인간이란 무엇인가'에 관한 문제를 골똘히 생각하며 걷다가 어떤 사람과 부딪혔을 때 그가 화가 나서 '당신은 누구요?'라고 묻자, '내가 누구인가를 알면 얼마나 좋을까요?'라고 반문했다고 한다.

인간이란 무엇이며 누구인가? 이에 대한 그리스도교의 입장은 분명하다. **인간은 하나님 안에서 존재하고 가치를 발견한다**는 점이다. 왜냐하면 인간은 하나님의 피조물로 설명되기 때문이다. 인간과 하나님의 관계에 대해서는 구약의 시편 기자가 예민하게 반응하고 있다. "사람이 무엇이기에 주께서 그를 생각하시며 인자가 무엇이기에 주께서 그를 돌보시나이까?"(시편 8:3-4). 시편 기자가 바라본 고대의 세계관은 히브리인들의 세계관을 반영한 것으로 하나님(또는 최고신)이 정점에 있고, 그 아래에 천상적인 존재(또는 신들)들이 있으며 그 다음에 인간들, 그리고 마지막에 피조물들이 있다. 이들의 세계관에는 위계질서가 엄격히 존재한다. 문제는 이 위계질서 의식 때문에 인간이 피조물 위에 군림하면서 힘을 남용함으로써 생태계의 파괴를 가져왔다는 반성이 있다. 이에 대한 현대적 인간 이해는 더 이상 인간을 둘러싼 환경과 우주에 대한 지배적 관계로 이해해서는 안 된다는 점에 일치하고 있다.

1. 초월을 지향하는 존재로서의 인간

판넨베르크(W. Pannenberg)는 인간을 정의하면서 언제나 새로운 방식들로 환경을 경험하는 인간 특유의 능력으로 인해 "세계에 대한 개방성으로 인간 실존"을 규정한다. 이것은 생물학적으로도 타당한 발상인데, 동물들은 유전적 요인들로 인해 환경에 매여 있지만 인간은 유전적 요소들로 인해 환경의 제약을 심하게 받지 않는다. 이러한 생물학적인 '유연성과 적응성'을 판넨베르크는 '세계에 대한 개방성'이라고 말한다. 이러한 개방성은 동시에 '세계'라는 환경을 넘어서는 초월적 능력을 지닌다는 말이기도 하다. 인간의 영은 바로 새로운 미래를 지향하며 현재를 뛰어 넘는 창조적 초월의 힘이다.

 판넨베르크가 말하는 '세계에 대한 개방성'은 세계를 뛰어 넘는 그 무엇이기에 유한의 세계를 뛰어 넘는다는 점에서 일종의 '무한한 실재에 대한 의존성'을 의미하는 것이기도 하다. 이른바 인간은 유한을 넘어서는 무한의 실존이라는 점이다. 이미 세계라는 유한한 환경 속에서는 인간이 궁극적 성취를 이룰 수 없다는 결론이다. 따라서 하나님이야말로 무한한 의존성의 최종적인 답변이라는 것이다. 무한한 의존 성은 세계 속에서는 발견할 수 없다. 이것은 어거스틴이 392 년, 자신의 『고백록』에서 "오, 하나님. 우리 마음은 당신 안에서 안식을 찾기까지는 쉴 수 없습니다."라고 고백한 바와 같다. 이것은 인간이 하나님과의 관계 속에서만 진정한 의미 와 자기 정체성을 확인 할 수 있다는 점을 천명해 주는 최상의 그리스도교적 표상이라고 할 수 있다.

2. 하나님의 형상으로서의 인간

인간이란 무엇인가를 물을 때 이는 묻는 자와 대답하는 자의 관점에 따라 다양한 설명이 가능하지만, 그리스도교에서의 인간은 크게 세 가지 차원으로 구분하여 설명된다. 하나님의 형상을 따라 피조 된 인간, 타락한 인간, 그리스도 안에서의 새로운 인간이다.

성서적 증언에 의하면 인간은 하나님의 형상대로 지음을 받았다. "우리가 우리의 형상을 따라, 우리의 모양대로 사람을 만들자... 하나님이 자기 형상 곧 하나님의 형상대로 사람을 창조하시되 남자와 여자를 창조하시고..."(창세기 1:26-27) 하나님의 형상이라는 말에 대해 지금까지 여러 학자들의 다양한 견해가 있어 왔다. 성서에는 하나님의 형상이 실제로 어떠한 모습을 하고 있는지 분명히 언급하고 있는 곳은 아무데도 없다. 그러므로 가시적이고 육체적인 형태의 형상을 말하는 것은 아니다.

하나님의 형상에 대한 또 다른 해석은 서양에서 특히 '이성의 능력'으로 해석해 왔다는 점이다.

아리스토텔레스(Aristoteles)의 영향을 받아 철학과 신앙의 종합을 시도한 토마스 아퀴나스(Thomas Aquinas)도 인간 이성의 합리성이야말로 신의 로고스나 이성에 참여하는 것이라고 보았다. 이것은 이성을 지나치게 신봉하고 감성이나 의지의 영역을 약화시키는 문제가 있다. 또 다른 해석가운데 하나는 인간이 피조 세계를 지배할 수 있는 능력을 지닌다는 점에서 하나님의 형상을 닮은 것이라는 주장이다. 이것은 여전히 힘의 지배와 복종이라는 가부장제적인 해석의 한 유형으로서 현대인들은 이러한 해석을 받아들이지 않는다.

또 다른 해석은 인간의 자유를 들어 하나님의 형상과 비유하기도 한다. 인간의 자유로운 예술적 창조 행위와 같은 것은 분명히 하나님의 형상의 일부로 간주될 수 있을 것이다. 그러나 그 자유 자체는 하나님의 형상에 비유하는 데에 한계가 있다. 왜냐하면 인간의 자유라는 것이 기껏해야 자기만족에서 크게 벗어나지 못하는 경우가 많기 때문이다.

다니엘 밀리오리(D. Migliore)는 공동체적 관계 속의 존재로 하나님의 형상을 파악한다. 이를테면 하나님이 사람을 창조하시되 남자 홀로 만들지 않고 남자와 여자로 만드신 것(창세기 1:27)과 그로 인해 인간은 상호 존중과 사랑 속에서 자유롭게 살 수 있기 때문이라는 것이다.

하나님의 형상의 뜻은 물론 삼위일체적으로 이해되어야 한다. 삼위일체의 존재 방식이 바로 공동체적 사랑의 관계이다. 성육신하신 주님이 죄인들과 친밀히 지내시고 공동체적 삶의 모범을 보여 주셨다. 이분이야말로 하나님의 형상이다(고린 도후서 4:4, 골로새서 1:15). 예수의 모범적 삶을 통해 우리는 하나님의 형상을 닮은 인간으로서 어떻게 살아야 할 것인가를 분명히 알게 된다.

　그러면 하나님의 형상으로 창조된 인간은 구체적으로 어떤 모습을 하고 있는가? 밀리오리의 진술에 의하면 **첫째,** 하나님 께서 인간에게 자유로이 말씀하시고 인간은 하나님께 자유로 이 응답할 수 있는 존재다. 그것은 인간이 자신 속에 하나님의 형상을 지니고 있기 때문이다. **둘째,** 인간의 정체성을 피조물 들과의 상호 공존적 관계 속에서 찾는다는 것을 의미한다. 여기서 인간은 자연과의 생태적 친밀성을 가져야 하고 남자와 여자간의 상호 호혜적 친밀성을 지녀야 한다. **셋째,** 인간은 아직 실현되지 않은 목적을 향하여 끊임없이 운동해 나간다는 것이다. 소망을 가지고 하나님을 향하여 나아가게 지어져 있다는 것이다. 이것이 판넨베르크가 말하는 '세계에 대한 개방성' 혹은 '미래에 대한 개방성'이기도 하다.

　하나님의 형상을 지니고 창조된 인간은 이내 타락한 인간이 다. 이 점을 〈창세기〉의 기자는 2장과 3장에서 상세히 다루고 있다. 하나님의 거룩한 형상을 지니고 있음에도 불구하고 동시에 인간은 그 마음속에 잔인한 폭력성을 지니고 있다.

성서에 의하면 아담의 범죄 이후 카인은 형제 아벨을 살인한다. 인간의 최초의 범죄가 하나님에 대한 반역이었다면 두 번째는 형제 살인이었다. 이는 인간성 내부에 도사리고 있는 야만성과 잔인성을 말해주는 것이다. 타락한 인간의 모습은 하나님의 은혜를 거부하는 것이며, 또한 이웃의 자유를 빼앗고 지배하는 정복욕으로 모든 종류의 파괴를 자행하게 된다. 더 나아가 타락한 인간의 모습은 하나님에 의해 약속된 인간의 미래 운명을 거부하는 것이다.

하나님의 형상으로 만들어진 인간은 비록 타락한 존재라 할지라도 그리스도 안에서 믿음을 통한 새로운 인간으로 발돋움할 수 있다. 예수는 죄로 인해 왜곡된 인간의 모습을 새롭게 회복시킬 수 있는 완전한 인간의 모범이자 하나님과 인간 사이의 중재자로서의 대제사장이었다(히브리서 12:2). 동시에 예수는 정의와 평화가 실현되는 새로운 통치 질서 속으로 이끄는 왕이었으며, 모든 피조물이 지향하는 미래를 안내하는 예언자였다. 그리스도 안에서 새로운 피조물로서 하나님의 형상대로 존재한다는 것은 어떤 의미인가? 그것은 하나님의 은혜를 믿음으로써 수용하고 사는 것을 의미하며, 타락한 인간이 증오와 질투로 속박된 삶을 사는 반면 사랑의 관계 속에 사는 것을 의미하고, 또한 도래할 하나님의 나라와 운명을 소망 속에 기다리며 사는 것을 말한다. 이것이 하나님의 형상으로서 창조된 인간이 살아가야 할 삶의 조건이다.

제5장

예수는 누구인가?

1. 예수는 누구인가?

(1) 역사적 배경

역사 속의 예수는 역사의 과정 만큼이나 그 해석이 다양하다. 성서신학자의 예수 해석이 다르고 사회학자의 예수 이해가 다를 뿐만 아니라, 철학자나 조직신학자의 예수 이해도 다르며, 자유주의적 시각의 예수 이해나 보수적 관점에서의 예수 이해 또한 다르다. 이에 대해 본 논의는 성서적 전통의 입장에서 본 예수 이해에 초점을 맞추어 논의를 전개 하고자 한다.

독일의 성서신학자인 타이센(G. Theissen)은 『역사적 예수』라는 방대한 저술을 통해 지난 200여 년 동안 이루어진 역사 비평적 예수 연구를 종합적으로 평가하면서 역사적 예수를 다각적으로 묘사하고 있다. 그는 예수의 생애와 관련한 시대적 종교사적 틀을 제시하고, 그리스 로마 시대와 주전 2세기의 유대교 내부의 갱신 운동을 다루었다. 또한 그는 유대교 내부에서의 예언자적 저항 운동을 언급하면서 세례 요한에 대한 이야기에 이어 예수의 생애에 대하여 연대기적으로 고찰하였다. 그는 결론적 요약으로서 예수는 주전 6-4년경 헤롯 1세가 죽기 전에 태어났으며, 본디오 빌라도 통치기(26-36년) 초반에 아주 짧은 기간 동안 공적인 활동을 벌이다가 대략 30년 유월절 축제 때에 처형되었다고 서술하였다.

타이센은 예수 생애의 지리적 사회적 틀을 논하는 장에서 예수가 출생한 나사렛은 교역로와도 먼 거리에 있는 갈릴리 남부의 산지에 있어 정치적, 경제적으로도 각광받지 못한 곳이라고 설명한다. 예수 활동의 중심지는 가버나움이었다. 가버나움에서 예수는 처음으로 제자들을 불렀고(마가복음 1:16 이하), 그곳에 있는 베드로의 집에 방문했다(마가복음 1:29, 9:33).

오늘날 가버나움과 관련된 고고학적 발굴은 예수 전승을 통해 그곳에 베드로의 집이 있었음도 입증된다. 예수는 갈릴리와 인근 지역을 떠돌면서 설교하였다. 갈릴리는 "이방의 갈릴리"(마태복음 4:14)라고 불릴 만큼 유대인과 이방인 사이의 민족적, 문화적 갈등이 대립되는 곳이기도 하다. 이곳 갈릴리 사람들은 당시 팔레스타인에서 통용되던 아람어 방언

을 사용했고, 베드로는 어투 때문에 갈릴리 사람으로 들통
나기도 했다(마태복음 26:73). 이러한 지방을 중심으로 예수
는 아람어 방언을 사용하며 복음을 전했던 것이다.

예수 시대에는 부자와 가난한 사람들 사이에 대지주와 소농
(小農)이라는 차이가 존재하여 사회 경제적 갈등도 존재했다.
예수를 따르던 대부분의 사람들은 농사일을 하거나 어부들이
었다. 예수 자신은 아버지의 직업을 이어받은 목수였다. 그
당시 목수는 주로 쟁기와 멍에를 제작하는 일이 많았다.
당시에는 정치적으로도 지배자와 피지배자 사이에 갈등이
많았고, 헤롯은 이로 인해 불안을 느끼고 있었다. 사회경제적,
정치적 갈등 속에 있는 사회 속에서 예수는 이미 새로운 질서
를 예고하는 하나님의 나라의 도래를 선포했다. 새로운 전환
을 갈망하는 이들이 예수의 말에 귀를 기울였다.

예수가 주로 설교하며 활동했던 갈릴리는 종교적 성격이
아주 강한 곳이었다. 종교 중심지인 예루살렘과는 거리적으
로 차단되어 있었음에도 불구하고 갈릴리 사람들은 성전을
향한 신앙심이 유달리 강렬했고, 성전을 중심으로 주변 사람
들은 강한 결속을 보였는데 성전세와 십일조에도 적극적이었
던 것으로 알 수 있다.
역사가 요세푸스는 갈릴리 사람들의 자유정신을 강조했다.

그들 대부분은 유대인이었고 그들의 삶의 정신적 기반은 토라였다. 이들의 생활 토대를 무대로 예수는 하나님의 나라를 선포하는 공적 활동을 전개했다. 성서에 나타난 예수의 활동과 선포를 중심으로 예수는 과연 어떤 인물이었는지를 더욱 자세히 살펴보자.

2. 카리스마적 존재로서의 예수

타이센은 사회학적 관계 속에서 예수를 연구하면서 예수를 카리스마적 존재로 설명한다. **카리스마라는 종교학 용어는 사회학자 막스 베버(M. Weber)가 종교사회학적 분석의 범주로 채택한 용어다.** 카리스마는 일상 외적인 인물의 자질과 관련된 용어지만, 성서에서는 권능($\dot{\epsilon}\xi ov\sigma\acute{\iota}\alpha$)이라는 용어와 관계된다.

예수는 권능을 가지고 사람들을 끌어 당겼다. 카리스마를 지닌 예수는 세례자 요한에게서 세례를 받은 후에 공생애를 시작했다. 카리스마적 자질을 가진 예수는 일상적인 삶의 범주인 가족 관계에서는 가끔 마찰을 빚고 있다. 예수의 친척들은 예수가 미쳤다고 생각했으며(마가복음 30:20-21, 31-35) 심지어 처음에는 그의 동생들조차 그를 믿지 않았다(요한복음 7:5).

　예수의 카리스마적 근원은 그가 세례 요한으로부터 세례를 받은 직후에 하늘이 열리는 비전을 경험한 후부터 시작된다. 이 때 하늘로부터 음성이 들려와서, 예수는 '하나님의 아들'로 공표된다. 예수는 이후에 스스로 커다란 영적 체험을 했는데, "사탄이 하늘에서 번갯불처럼 떨어지는 것을 보았다"(누가복음 10:18)고 한다. 이러한 체험은 구원의 때가 도래했음을 알리는 징후였다. 이는 세례자 요한이 선포한 '오시기로 되어 있는 분'이라는 메시아의 도래를 확증시키는 것이었다.

　메시아로 온 예수가 첫 번째로 행한 것은 제자들을 부르는 것이었다. 〈마가복음〉의 경우처럼 생업에 종사하던 베드로와 안드레를 직접 부르신 모습(마가복음 1:16-18. 19-20. 2:13-14), 무리들이 스스로 결심하여 예수를 따르는 모습(마태복음 8:19-22, 누가복음 9:59-62), 다른 사람의 소개로 예수를 따르는 유형(요한복음 1:35 이하) 등 제자들을 부르는 모습이 각각 다르다.

　예수를 따르는 자들은 대부분 민중(ὄχλος)이었으나, 이들 대부분 예수에게 중립적이거나 호의적인 태도를 취했다(마가복음 3:7-12, 3:20, 4:1-2, 6:34). 예수는 가족 개념을 새롭게 한다. 이른바 '거룩한 가족' 개념이다. 예수의 어머니와 형제자매들은 예수가 미쳤다는 소문을 듣고 예수를 데리러 오자 예수는 가족을 만나지 않고 도리어 가족의 개념을 새롭게 정의한다. "하나님의 뜻을 행하는 사람이 곧 내 형제요, 자매요, 어머니다"(마가복음 3:35). 예수의 주변에는 여인들이 많았다. 예수의 메시지는 특히 사회적으로 가난하거나 경멸받는 여성인 창녀들에게 집중되며 많은 여인들을 치유하기도 했다. 갈릴리의 막달라 출신 마리아는 일곱 귀신이 떨어져 나간 뒤에 예수를 예루살렘까지 추종했고 결국 부활의 첫 주인공이 되기도 했다.

예수에게는 적대자들이 있었다. 그들은 율법학자들과 바리새인과 사두개인들이었다. 율법학자들과 달리 예수는 권위 있게 가르쳤다(마가복음 1:22). 물론 모든 율법학자들이 예수를 적대한 것은 아니었고, 예수에게 큰 계명이 무엇인가를 물었던 슬기롭고 호의적인 율법학자들의 경우는 달랐다. 예수와 갈등을 겪었던 율법학자들 가운데는 바리새인들이 있었다.

바리새인이라는 히브리어는 "정확하게 구분하는 사람"이라는 뜻에서 유래한다. 바리새파는 예수와 같이 부활 신앙을 가진 점에서는 일맥상통했으나 예수는 바리새파가 내세우는 실천적 규칙들과는 충돌을 일으켰다. 또 하나의 적대 세력은 사두개인들이었다. 사두개는 대제사장 사독 가문의 선조 사독(Zadok)에게서 연유한다(역대상 6:1이하). 이들 사두개파는 부활을 부정한다. 예수와 사두개인의 적대 관계는 결국 예수를 죽음으로 몰고 갔다. 이 밖에도 예수에 대한 적대 세력으로는 헤롯당원을 들 수 있다. 이들은 예수와 '안식일 치유행위에 대한 논쟁(마가복음 3:6)'과 '세금 징수'에 관한 논쟁을 벌였다(마가복음 12:13).

3. 예언자 예수

예수의 예언자적 기능을 말할 수 있는 까닭은 '하나님의 나라'($\beta\alpha\sigma\iota\lambda\epsilon\iota\alpha\ \tau o\upsilon\ \theta\epsilon o\upsilon$)에 대한 구원의 선포에 있다. 하나님의 나라는 이미 도래했고 그 통치가 이미 시작되었다고 외쳤다. "하나님의 나라가 너희에게 가까이 왔다"(마가복음 1:15). 하나님의 왕적 통치는 종말론의 핵심이었다.

지금까지 하나님의 나라에 대한 종말론적 이해는 학자들에 따라 다양하게 이해 되어왔다. 이를테면 알베르트 슈바이쳐 (A. Schweizer)는 미래에 지속될 '지속적 종말론'을 말했으며, 찰스 다드(C. Dadd)는 예수의 메시지 안에서 모든 종말론적 기대가 이미 성취되었다는 '실현된 종말론'을 말하기도 했다. 그런가하면 불트만(R. Multmann)은 미래적 신화는 오직 현재의 실존론적 입장에서 해석되어야 한다고 주장하기도 했다.

예수는 주기도문을 가르치는 가운데서도 하나님 나라의 도래를 간청하는 기도를 말하고 있다(누가복음 11:2, 마태복음 6:10). "나라가 임하옵시며"라고 할 때 분명 이 나라는 미래의 나라를 말한다. 이 하나님 나라의 도래는 예수가 처음 사용한 말이다. 이는 구약에서 "하나님의 도래"를 말한 〈이사야〉 35장 4절과 40장 9-10절을 대신하여 '하나님의 나라'를 언급한 표현이다.

예언자 예수는 가난하고 굶주리고 슬퍼하는 사람들에 대해서도 축복을 선언한다(누가복음 6:20-21, 마태복음 5:3-4, 6). 뿐만 아니라 이방인을 포함한 모든 민족들이 이미 도래하고 있는 하나님의 나라의 잔치에 참여할 것을 말하고 있다. 이 하나님 나라의 잔치는 종말론적인 것으로 예수의 죽음과 부활이 하나님 나라의 입성에 결정적인 관문이 된다.

누구나 하나님의 나라에 들어갈 수 있지만 조건을 겸비해야 한다. 그 조건은 입으로만 "주여, 주여" 해서는 안 되고 하늘에 계신 아버지의 뜻을 행하는 사람이어야 한다(마태복음 7:21). 그런가 하면 하늘나라에 들어 갈 수 있는 가능성에 대해서는 부자보다는 어린아이 같은 이들, 교만한 종교인들보다는 세리나 창녀(πόρναι)가 오히려 하늘나라에 더 가깝다고 했다.

이 같은 예수의 예언적 증언은 하나님의 나라가 이미 이루어졌다는 긴박한 메시지와 함께 옛 세계와 투쟁하는 새로운

세계에 대한 기대와 확신으로 가득 찬 것이었다. 이러한 진술은 "때가 찼고(현재완료), 하나님의 나라가 가까이 왔다(현재완료, ἤγγικεν)(마가복음 1:15)"고 말하는 데서 알 수 있다. 그리고 하나님의 나라가 "너희 가운데 있다(ἐντὸς ὑμῶν)"(누가복음 17:21)는 선언은 예수에 대한 믿음을 중심으로 인간의 내면에서 시작할 수 있음을 선포한 것이다.

예언자 예수는 심판과 구원을 알리는 역할도 하고 있다. 예수는 설교를 통해 하나님 나라를 청중들 속에 각인시키고 있다. 감춰진 보화와 진주의 비유(마태복음 13:44-46)는 구원을 알리는 징표이다. 그러나 하나님의 나라에 들어갈 수 있는 조건은 회개와 믿음 그리고 아버지 뜻을 따를 것이 요청된다(마태복음 19:23-24). 심판에 대한 이야기는 갈릴리 성읍들에 대한 저주에서 나타나는데 고라심, 벳세다, 가버나움이 심판을 선고 받는다. 그것은 예수가 그곳에서 일으킨 기적(δυνάμεις)을 보고도 회개(μετενόησαν)하지 않았기 때문이다(누가복음 10:13-15, 마태복음 11:21-24).

추수의 비유는 구원과 심판이라는 두 가지 이미지를 모두 내포하고 있다. 추수의 주인과 품꾼들에 대한 이야기들이 그러하다(누가복음 10:2, 마태복음 13:30). 예수의 심판과 구원에 대한 설교는 두 사람이 잠자리에 누워 있는데 한 사람은 데려가고 한 사람은 버려둔다는 것이나, 두 여인이 맷돌을 가는데 한 사람은 데려가고 한 사람은 버려둘 것이라는 비유 (누가복음 17:34, 마태복음 24:40-41)에서도 볼 수 있다. 이 비유는 구원을 위한 긴장과 회개를 촉구하는 것으로 볼 수 있다.

4. 치유하는 예수

예수의 활동은 다양하다. 하나님 나라의 선포와 관련하여 예언적 심판과 구원을 알리는 일이 무엇보다 중요했지만 그 활동을 효과적으로 시행 할 수 있었던 것은 무엇보다 예수의 치유 사역이다. 예수의 치유 사건은 대부분이 기적적인 행위였다. 예수의 기적 이야기는 역사비평적 연구가들을 당혹하게 했고, 그 해석도 다양하다. 다만 기적 이야기는 수없이 많은 다양한 고대 전승 자료들이 있기 때문에 무리 없이 받아들여지고 있다.

그러나 예수의 기적 이야기를 여러 각도에서 해석하고 있다. 특히 계몽주의의 영향을 받은 신학자들 가운데는 기적을 합리주의적으로 해석하기도 한다. 이를테면 예수가 물위로 걸어간 내용은 호수 위에 떠다니던 건축용 자재를 이용한 것(바아르트 C. F. Bahrdt)이라고 설명했고, 급식 기적에 대해서는 원래 가난한 군중들을 제외하고는 모두 자기 식량을 준비해 왔다(H.E.G. Paulus)고 해석하는 경우가 그 예이다.

한편으로는 신화적으로 기적을 해석하기도 한다. 슈트라우스 같은 학자는 기적이 아예 신화라고 설명한다. 메시아 사상을 알리기 위한 문학적 장치로서 기적 이야기는 신화에 불과한 것이라고 평한다. 반면에 루돌프 불트만은 그의 책 『공관복음 전승사』에서 종교사적인 양식비평 입장에서 기적을 해석했는데, 이를테면 예수의 포도주 이적은 헬라 시대에 이미 잘 알려진 디오니소스의 기적을 예수에게 전가한 결과라는 것이다. 다른 한편으로 편집 비평의 관점에서 공관 복음서의 기자가 복음의 메시지를 효과적으로 전달하기 위해 비판적 입장에서 기적 이야기를 수정하거나 삽입했다는 것이다. 이러한 해석들 외에도 기적을 행하는 예수에 대하여 심지어 마술사로서의 예수로 생각하는 이들도 있었다. 스미스(M. Smith)는 예수가 당시에 이집트에서 유행하던 정규적인 마술 수업을 배웠을 것이라고 주장하기도 했다. 타이센 같은 학자는 기적 이야기를 사회학적 차원에서 해석하기도 한다. 이른바 예수의 기적은 '위로부터' 임하는 케리그마적 내용이 아니라 가난하고 소외된 계층에게 희망을 불어 넣어주는 '아래로부터'의 저항적 표현으로 해석할 수도 있다는 것이다.

그러면 초대 그리스도교에서 기적은 어떻게 이해되었는가?

우선 대표적인 경우로는 귀신 축출 이야기가 있다. 인간이 귀신에게 내 맡겨짐으로써 귀신이 인간을 주재하는 경우인데, 귀신 축출 행위는 하나님 나라의 도래와 선포를 알리는 예수에게서 무엇보다 선결 과제였음을 감안할 때 이는 예수의 역사적 실제 행위로 선언되고 있다. 귀신 축출을 통해 악의 세력이 물러나고 마침내 새로운 하나님의 나라가 도래할 것임을 확실히 알리는 사건이었던 것이다.

기적 이야기 중 또 다른 사건은 병의 치료다. 이는 치유자의 몸에서 신비한 힘이 작용하여 병을 고치는 사례다. 혈우병에 걸린 여인을 치유하는데도 예수 자신도 모르는 사이에 힘이 전달되었다(마가복음 5:21 이하). 치유에는 "네 믿음이 너를 구원하였다"는 말과 같이 특히 믿음이 강조 되었는데 이는 고대의 다른 전승에서 찾아보기 독특한 경우다.

기적의 여러 유형 가운데 치료 이외에 빵이나 포도주를 만드는 것과 같은 기적은 선물 기적으로 분류된다. 특히 오병이어와 같은 급식 이야기는 엘리야의 급식 기적(열왕기 하 4:42-44)을 능가하는 메시아에 대한 새로운 기대가 있었을 것이며, 이에 부합하기 위해서라도 예수는 수많은 무리를 먹이게 된다. 이에 대한 해석은 다양하다. 역시 사회학적 해석도 가능하지만 전통 그리스도교에서는 기적을 그대로 믿고 받아들인다.

이 밖에 폭풍을 잠잠케 하거나 물 위를 걸어간 기적도 마찬가지다. 위기 상황에서의 구조 이야기는 고대 세계에서 신적 권능을 가진 자들에 대한 신적 권능의 표현으로 언급되곤 했다. 마찬가지로 예수의 제자들은 호수 위를 거니는 예수를 본 뒤 그가 '하나님의 아들'임을 깨닫는다(마태복음 14:33). 이 모든 기적 이야기는 예수의 신성(神性)을 입증하는 신앙고백이다.

5. 탁월한 설교자요 교사로서의 예수

예수의 가르침과 설교의 상당부분은 비유로 구성되어 있다. 감춰진 보화 비유(마태복음 13:44-46), 혼인 잔치 비유(마태복음 22:1-14), 탕자의 비유(누가복음 15장)가 그 대표적인 경우이다. 비유의 목적은 대개 교훈적인데 대부분의 비유가 하나님 나라에 대한 교훈적 가르침을 담고 있다. 물론 과부의 동전 한 개의 소중함이나, 한 드라크마의 비유 같은 경우는 소외된 인간에 대한 하나님의 깊은 배려를 느끼게 한다. 비유는 구약성서에서도 많이 사용되는데 예수의 비유는 지혜 문학적 성격을 띠고 있다. 포도원 품삯의 비유는 하나님의 은총을 말해주는 비유로서 하나님의 나라는 공의와 관대함에 의해 열려진 새로운 공동체를 알리는 신호다.

예수는 하나님의 뜻을 전달한다는 점에서 예언자요, 그 뜻을 비유적으로 잘 전한다는 점에서 탁월한 설교자이자, 그 교훈을 잘 가르친다는 점에서 탁월한 스승이다. 예수는 기존의 율법서인 토라를 단순히 계승한 전달자가 아니라 스스로 사랑으로 율법을 완성하면서 율법의 본래적 의미를 더욱 충실히 보완하면서 가르쳤다. 그런 점에서 모세보다 더 진일보한 개혁적인 가르침을 폈던 것이다. 예수의 윤리적 가르침은 종말론적이어서 세속적 윤리와 안녕의 추구보다는 하나님 나라의 임박성과 세상을 변혁하는 원리로서의 윤리적 가르침을 폈다. 예수의 가르침에 나타난 종말론적 윤리는 다소 급진적인데, 그 윤리는 새로운 것이며 혁명적인 것이기 때문이다.

〈마가복음〉과 〈누가복음〉에서 예수는 랍비라는 칭호를 듣는다. 랍비는 당시에 직위가 높은 사람들에게 붙여진 존칭이기도 했다. 예수도 랍비 요한의 제자로서 교육을 받은 적이 있다. 예수는 우선 경건한 유대 가정에서 교육을 받고 자랐다. 나사렛에도 회당이 있어서 토라와 이사야 경전 등의 지식을 익힐 수 있었다. 그러나 예수는 당시에 크게 배운 자로 여겨지지는 않았다. 〈요한복음〉의 진술이 이를 뒷받침한다. "이 사람은 배우지도 않았는데 어떻게 말씀을 이해할($\gamma\rho\acute{\alpha}\mu\mu\alpha\tau\alpha$ $o\acute{\iota}\delta\epsilon\nu$) 수 있을까?"(요한복음 7:15). 예수가 어떻게 교육을 받으며 자랐는지에 대해서 성서는 자세히 언급하지 않는다.

하지만 예수의 경전 해석에는 당시의 해석학적 원칙에 익숙해 있음이 드러나고 있다.

　예수는 경전 해석 자체를 목적으로 삼지는 않았고, 경전을 하나님의 도구로 사용하여 자신의 메시지를 충실히 전하고자 했다. 예수는 경전의 도움을 받아 자신의 기적 행위 등을 통해 하나님 나라의 종말론적 예언의 성취(마태복음 11:4-5)를 보여주고자 했다. 특히 "주 여호와의 신이 내게 임했다"고 하는 〈이사야〉 61장 1-2절의 예언이 〈누가복음〉 4장 18-21절에서 예수 자신에게 성취된 것으로 선언하고 있다. 예수는 십계명을 새롭게 해석하면서 그 규범을 더욱 강화시켰다. 특히 살인과 간음 문제라든가, 이웃 사랑의 계명을 하나님 사랑의 계명 다음에 바로 병치시켰다.

　예수의 윤리적 가르침의 핵심은 사랑의 계명이다. "새 계명을 너희에게 주노니 서로 사랑하라 내가 너희를 사랑한 것 같이 너희도 서로 사랑하라"(요한복음 13:34). 이것은 예수가 제자들에게 준 새 계명이다. 하나님 사랑과 이웃 사랑이라는 '이중 계명'은 "마음을 다하고 성품을 다하고 힘을 다하여 네 하나님 여호와를 사랑하라"(신명기 6:5)는 말과 "네 이웃을 내 몸과 같이 사랑하라"(레위기 19:18)는 두 계명이 합쳐진 것인데 이를 예수는 다시 재천명하고 있다.

유대교 전승 가운데 하나님 사랑과 이웃 사랑이라는 이중 계명이 이미 유포되어 있긴 했지만 예수에게서 더욱 강조되고 있는 것이다. 이러한 이웃 사랑의 실천은 '선한 사마리아인의 비유'(누가복음 10:29-36)에서 잘 나타나 있다. 예수의 사랑은 단순한 이웃 사랑의 차원에 머물지 않고 원수 사랑까지로 확대된다(마태복음 5:44). 원수는 일개 개인적인 원수뿐만 아니라 정치적 종교적 적대자들에게까지 미친다.

6. 예수의 수난

예수가 본디오 빌라도의 통치하에서 십자가 처형을 당해 죽었다는 사실은 대부분의 역사가들이 동의하고 있다. 그러나 **예수의 처형에 대한 원인에 관해서는 다양한 의견들이 있다.** 예수가 자신을 '유대인의 왕'($\beta\alpha\sigma\iota\lambda\epsilon\grave{\upsilon}\varsigma\ \tau\omega\nu\ {}^{\backprime}\mathrm{Iou}\delta\alpha\acute{\iota}\omega\nu$)으로 주장했다는 이유로 로마인들이 예수를 죽인 것인가? 아니면 유대 지방의 귀족들이 예수를 정치적으로 위협적인 인물이라고 보고 산헤드린에서 사형을 주장했던 것인가?(요한복음 11:48) 또한 예수의 성전 재건 예언이 하나님을 모독한 것으로 판단되었을 수도 있을 것이며, 그 밖에도 안식일 논쟁이나 메시아 주장 등이 예수를 죽음으로 몰고 간 원인이었을 수 있다. 문제는 예수가 당시의 유대 귀족들이나 로마인들에게 자신들의 정치적 혹은 사회적 안전을 위협하는 존재로 여겨진 것은 틀림없었다.

한편으로 예수에 관한 자료들에 의하면 예수는 모든 것을 미리 알고 주체적으로 죽음을 향해 나아가는, 즉 고난 받는 의인으로서 그리고 후대의 모든 그리스도인의 모범으로서 나타난다. 이를 뒷받침하는 성서적 근거는 많다. 〈마가복음〉에는 자신의 죽음(14:9, 22, 25)이나, 최후의 만찬 장소(14:14-15), 가까운 이들의 배신과 부인(14:18, 30)을 모두 미리 알고 있었다. 〈마태복음〉에서도 예수의 고난은 주권적 의지의 표현이다. 수난 이야기가 일어날 사건에 대해 예시되어 있다(26:1-2). 〈요한복음〉에서는 예수의 주권적 의지가 가장 극명하게 나타난다. 이를테면 자신의 생명을 버릴 권세도 있고, 다시 얻을 권세도 있다(10:17-18). 체포되는 순간에도 예수는 당당했다. 〈요한복음〉에서 예수는 자기가 체포되어 십자가에 달릴 것을 예고한다. 그리고 그 십자가는 "인자가 영광을 얻을 시간"(12:23)이요, "아버지에게로 가는 길목이며"(12:26), "믿고 따르는 자들을 영원한 생명으로 인도하는 통로"(12:32)가 된다.

예수의 고난은 모든 그리스도인의 모범이 된다. 〈마태복음〉에 의하면 예수의 겟세마네 기도는 마지막 순간까지 "아버지의 뜻대로 이루지기를" 기도했다(26:42). 또한 〈누가복음〉에서 예수는 죽는 순간까지도 인간의 구원을 생각하는 모범적인 순교자의 모습을 보인다. 자신을 처형하는 자들을 위해 기도하고(23:34), 함께 못 박힌 자 중에 죄를 뉘우치는 이에게 구원을 선포한다(23:43). 〈요한복음〉에서 예수는 제자들을 끝까지 사랑하며 발을 직접 씻겨주고(13:1-17), 새 계명으로서 서로 사랑하라는 사랑의 계명을 명한다(13:34-35).

복음서에서 수난당한 예수는 무죄로 선언된다. 〈마가복음〉에서는 예수가 십자가에 처형되는 순간 지진이 일어나고 해가 어두워지며 성소의 휘장이 찢어지는 사건이 있은 후에 백부장의 입에서는 "참으로 이분은 하나님의 아들이셨다"(마가복음 15:39)는 고백이 나온다. 〈마태복음〉에서는 유다가 자신의 배신을 뉘우치고, 대제사장들에게 예수가 무죄임을 밝힌다(27:3 이하). 빌라도의 부인이 예수의 죄 없음을 주장하고(27:19), 예루살렘 주민은 기적들을 보고 예수에게 나타난 하나님의 손길을 느낀다(27:52). 〈누가복음〉에서는 예수의 무죄가 로마 제국의 통치자인 헤롯 안티파스와 빌라도의 증언을 통해 입증된다(23:6-12).

예수의 수난과 죽음은 예수가 지닌 카리스마적 권위와 유대 귀족층과의 갈등, 유대교 갱신 운동과 로마의 지배 체제, 새로운 우주적 질서로서의 하나님 나라의 도래에 대한 선포와 기존 질서를 유지하려고 한 지배 체제와의 갈등이 빚어낸 산물이다. 성전을 중심으로 하는 산헤드린과 로마 총독은 예수가 자신들의 지배 체제를 흔들 수 있는 위험인물로 간주했다. 산헤드린은 예수를 '선지자 노릇을 하라'라고 침을 뱉으며 주먹으로 치며 조롱했고(마가복음 14:65), 로마 군병들은 '유대인의 왕이여 평안할지어다'면서 갈대로 머리를 치며 침을 뱉고 조롱했다(마가복음 15:16-20).

 예수가 이처럼 조롱을 당하고 죽임을 당하게 된 까닭은 크게 세 가지로 설명 될 수 있다. 첫째 모세의 율법에 대한 비판적 자세, 둘째 성전에 대한 비판, 셋째 다소 정치적 오해를 불러일으킬 수 있었던 하나님 나라에 대한 기대와 메시아의 주장이다.

 이 가운데서도 율법에 대한 비판은 당시에 싹트고 있던 율법에 대한 진보적 해석의 일부일 수 있었고 하나님 나라와 메시아 주장은 당시에 어느 정도 널리 퍼져있던 묵시 문학적 주장으로 받아들일 수도 있었다. 그러나 메시아 주장 또한 만만치 않은 예수의 카리스마적 주장으로 당시 종교 지도자들에게 혹은 로마 당국자들에게도 커다란 위협적 요소가 될 수 있었던 것이다. "너희가 성전을 헐라 내가 사흘 만에 세우리라"는 등의 성전 비판은 기존의 종교 지도자들에게는 치명적인 도전이었다.

 원시 그리스도교 공동체는 예수의 죽음을 의로운 사람의 고난, 즉 희생의 죽음으로 받아들였고 인간과 하나님 사이에 형성될 새로운 공동체의 토대로 이해했다. 그 한 예로써 예수의 최후의 공동식사는 "새 언약"을 상징하는 행위가 되었으며, 예수의 죽음을 "희생 제물"로 믿게 되었다. 희생 제물은 하나님의 선물이 되었고, 하나님이 분노를 누그러뜨리고 인간의 죄를 용서하기 위해 하나님이 제공한 것으로 이해하게 되었다. 예수의 희생 제물은 동물의 희생 제의와 달리 죽음으로 끝나지 않고 죽음을 극복하는 부활을 통해 인류에게 대속의 구원이라고 하는 영생을 선물한다. 바울은 이 새로운 희생 제물 사상을 신학적으로 개념화 했다. 이른바 구원은 "우리가 아직 죄인 되었을 때 그리스도께서 우리를 위하여 죽으심으로 하나님께서 우리에게 자기 사랑을 확증하셨다"(로마서 5:8). 죄인 되었을 때뿐만 아니라 "원수 되었을 때"도 "그 아들의 죽으심으로 말미암아 하나님으로 더불어 화목하게 되었다"(로마서 5:10). 이는 구원이 하나님을 향한 인간의 화해 요청이 아니라, 인간을 향한 하나님의 요청으로 비롯되고 있다는 것을 보여준다(고린도후서 5:20).

7. 예수의 부활

예수의 부활 신앙은 그리스도교의 핵심 사상이다. 바울은 이 부활 신앙에 대해 다음과 같이 단적으로 표현한다. "그리스도께서 다시 사신 것이 없으면 너희의 믿음도 헛되고 너희가 여전히 죄 가운데 있을 것이요, … 모든 사람 가운데 우리가 더욱 불쌍한 자니라"(고린도전서 15:17,19).

예수의 부활에 대해서는 다양한 비평적 해석이 있다. 라이마루스(H.S. Reimarus) 이후 합리주의자들은 예수의 '빈 무덤'을 둘러싸고 다각적인 합리주의적 해석을 낳고 있다. 라이마루스는 〈마태복음〉 28장 11-15절의 빈 무덤을 보고 예수의 시체가 실제로 도난당한 것이라고 해석했고, 슈트라우스(D.F. Straus)는 부활 현현을 '주관적인 환상 이론'으로 해석했다. 한편 파울루스(Paulus)는 예수는 죽지 않고 기절했다가 잠시 후 다시 살아났다고 했다. 슐라이어마허도 이 해석의 일단을 수긍했다. 왜냐하면 존경받는 공회원 아리마대 요셉이 빌라도에게 예수의 시체를 요구하자 빌라도는 예수가 벌써 죽었느냐고 되묻고 있는 점을 착안하고 있는 것이다(마가복음 15:43-45).

빈 무덤에 관한 합리적 해석의 또 다른 한 예는 '재매장설'인데, 아리마대 요셉이 예수의 시신을 일단 가까운 무덤에 안치

했다가 안식일 후에 제자들 모르게 다른 곳에 묻었다는 것이다. 이 가설은 1799년에 익명으로 출간된 『예수의 부활에 관한 생각』에서 처음 나타났는데, 홀츠만(H.J. Holtzmann) 같은 학자들이 이러한 생각을 대표한다.

한편 예수의 부활 신앙은 불트만 같은 이들에게서 아주 실용적으로 해석된다. 이를테면 초기 공동체는 십자가의 거리낌을 극복해야 했는데, 그것이 부활 신앙이었다는 것이며, 부활의 역사적 사실과 내용은 그다지 중요한 것이 아니라는 것이다. 다만 역사적 사실과는 달리 "말씀 속에서" 종말론적 부활 사건이 믿는 자들의 믿음 속에서 지금도 계속해서 일어난다는 것이다. 이것을 케리그마(선포)적 해석이라고 한다. 그러나 도리어 예수의 부활 신앙은 초기 공동체에서 더욱 두드러지게 확산되고 있었고 복음서에는 예수 부활 신앙이 역사적 사실로서의 경험으로서 아주 중요한 요소로 자리 잡아 갔다.

부활 소식에 대한 복음서의 긴박한 상황으로 들어가 보자. 제자들은 예수가 체포된 뒤 예루살렘에 숨어있었다. 거기서 제자들은 여인들로부터 "사흘째 되던 날" 빈 무덤 소식을 들었다. 이 때 베드로는 즉시 예수의 부활을 믿었다. 불트만의 케리그마 신학이 예수 부활 사건을 역사적 사실과는 거리가 먼 '신앙'의 차원으로만 국한시켰다면, 판넨베르크는 예수 부활 사건의 객관성을 강력히 주장하고 나섰다. 이른바 주관적 환상이 아니라 죽음의 문턱에 다다랐던 사람이 빛의 나타남을 경험할 수 있는 것과 같은 유사 체험으로서 부활 신앙도 객관적으로 납득할 수 있는 것이라고 설명한다.

예수 부활 경험을 문서로 남긴 유일한 사람은 바울이다. 그렇지만 그는 이미 전승된 형태의 부활 공식 문구를 사용하기도 한다. "하나님이 예수를 죽은 사람들 가운데서 살리셨다"는 부활의 공식 문구는 다양한 형태로 서술된다(로마서 10:9, 고린도전서 6:14, 15:15, 데살로니가전서 4:14, 고린도전서 15:3-4, 고린도후서 5:15).

바울의 부활 체험은 세 가지 형태로 설명된다. 첫째, 계시적 진술이다. 계시 가운데 이방인의 사도로 부름을 받았다(갈라디아서 1:1). 둘째, 부활의 현현에 관한 진술이다. "맨 나중에 만삭되지 못하여 난자 같은 내게도 보이셨느니라(고린도전서 15:3-8). 셋째, 예수 그리스도에 대한 지식의 진술이다. 바울은 부활한 그리스도와의 만남을 통하여 "예수 그리스도에 대한 지식"($\gamma\nu\omega\sigma\iota\varsigma\ \chi\rho\iota\sigma\tau\sigma\upsilon\ ^\prime I\eta\sigma\sigma\upsilon$)이 고상해졌다는 것이다(빌립보서 3:8이하). 이러한 부활 체험으로 인해 바울은 예수를 구세주 그리스도로 인정하고 주님으로 경배했던 것이다.

예수가 체포될 때 제자들은 모두 도망쳤다. 소수의 여성 제자들만이 멀리서 예수를 바라보았다. 도망친 제자들은 갈 릴리에서 예수의 부활을 체험했다(마가복음 16:17, 마태복음 28:16 이하). 그 다음 예루살렘에서도 경험하게 되었다. 열두 제자 가운데 베드로는 부활의 첫 증인으로 간주되었고(고린 도전서 15:5), 그가 소집한 제자들은 집단적으로 예수의 부활 을 경험했다. 이러한 예수의 부활 소식은 합리적 사고에 익숙 한 현대인들에게 납득하기 어려운 것이 사실이다.

트렐취(E. Troeltsch)의 말대로 부활은 역사상 유례가 없으 며 역사 내적 원인도 없다. 이러한 합리적 견해를 따른다면 예수의 부활은 앞서 본 계몽주의 사상가들의 주장처럼 다양 하게 해석될 여지가 있다. 그런가하면 불트만처럼 케리그마 로서의 실존적 해석을 하거나 막센(W. Marxsen)의 주장처 럼, 부활을 예수 케리그마의 계속적 발생으로 해석되기도 할 것이다.

원시 공동체에서 예수 부활의 증인들은 과거에 경험한 예수 와의 만남에서 맛본 하나님의 친밀함을 다시 새롭게 맛본 것이었다. 그들의 부활 선언은 지상의 예수의 메시지가 현재 에도 계속 지속되고 있음을 알리는 사건이다. 그런 점에서 부활은 언제나 현재적이다. 이 같이 지속되는 현재 속에서 종말에 대한 기대가 생겨나서 예수는 오늘날까지 살아있는 존재로 증명된다. 부활 신앙은 원칙적으로 인간의 이해를 넘어서는 계시의 차원에 속한다. 이 계시는 신앙 속에서만 확인된다.

예수의 부활이 제자들과 바울에게 나타난 것과 같이 체험적 사건이었다 할지라도, 현대적인 합리적 개념으로는 이해되기 어려울 것이다. 그럼에도 불구하고 예수의 부활 신앙은 십자가의 의미를 드러내 주는 것이며 하나님이 인간에게 말씀하시는 실존적 사건이고, 그것을 믿음으로 받아들일 때 얻게 되는 영생의 표지이다.

칼 바르트는 부활 사건을 대하는 역사비평적 접근 방법에 대해 다음과 같이 언급한다. 역사비평은 부활의 사건 즉, "역사적"이지는 않으나 "실제로 일어난" 부활 사건을 다룰 능력이 없다고 했다. **부활은 인간의 영역을 넘어선 하나님만이 할 수 있는 일이며 하나님의 주권적 행위의 창조다.** 그러므로 부활은 역사적 분석을 통해 알 수 있는 일이 못된다. 칼 바르트는 다음과 같은 말은 새겨볼 만하다. 부활은 하나님의 독점적인 행위이긴 하지만 "인간의 시공 속에서 객관적인 내용을 지닌 세계 내적인 실제적 사건이며", 십자가 사건과 쌍벽을 이루는 "하나님의 새로운 행위이다." 예수 부활의 신앙은 계시의 본질에 속하는 것으로 그것은 전적으로 하나님에 의한 사건이며 오직 믿음을 통해서만 이해할 수 있다.

제 **6** 장

그리스도-메시아는 누구인가?

1. 역사적 비평들

역사적 예수는 과연 어떤 경로를 거쳐서 그리스도가 되었는가? 이는 부활 이전의 예수와 부활 이후의 예수 이해와 관련된다. 부활 이전까지만 해도 예수의 제자들은 예수의 신성을 제대로 이해하지 못하고 있었다. 부활 이후에 비로소 예수는 그리스도, 즉 메시아로 칭함을 받게 된다. 물론 전통적 그리스도교의 입장에서는 역사적 예수와 부활한 그리스도 사이의 연속성을 부정하지 않는다. 이 점은 삼위일체 신론을 다룰 때 언급한 바와 같다. 물론 예수 자신이 인자와 메시아라는 호칭을 사용했고, 종말론적인 전권(全權) 의식도 지니고 있었다. 예수는 자신의 활동 속에서 하나님 나라의 도래를 보았기 때문이다. 이 점에서 예수는 단순히 카리스마적 지도자나 예언자의 지위를 뛰어 넘는다.

역사적 예수가 신앙의 대상이 된 '그리스도'가 됨으로써 그리스도교 신앙은 더욱 공고해졌다. 이 신앙 속에서는 십자가에서 고통당한 예수가 더 이상 평범한 사람이 아니라 종말론적 전권을 주장하는 하나님의 아들이라는 점이 고백된다. **불트만 같은 학자는 역사적 예수와 신앙의 대상이 된 그리스도 사이에 연속성을 주장하지 않고 '케리그마(선포된)의 그리스도'를 주장함으로써 역사적 사실과 분리시킨다.** 예수의 메시아(그리스도) 됨에 대한 논란은 역사비평적 입장에서 세 단계를 거친다.

처음 단계인 초기의 역사비평적 학자인 라이마루스로부터 1900년까지의 견해는 예수가 자기 자신을 유대인의 메시아, 곧 이스라엘을 해방할 민족적 왕이라고 생각했다는 것이다. 그 희망이 좌절되자 제자들은 정치적인 메시아 신앙대신 인간을 죄에서 해방할 영적인 메시아 신앙을 내세움으로써 위기를 극복했다는 주장이다.

두 번째 단계의 연구는 양식비평적 회의주의로서, 브레데(W. Wrede)는 그때까지 아무도 의심하지 않았던 예수 자신의 메시아 의식에 문제를 제기하고 나섰다. 그에 의하면 예수의 생애는 메시아적이지 않고 다만 메시아 신앙은 예수 부활 신앙에 뿌리를 두고 있다(로마서 1:3-4, 사도행전 2:36)는 것이다. 이를테면 예수를 신앙으로 숭배하게 된 모든 그리스도론

적 호칭은 부활 이후 공동체의 신앙이 예수에게 거꾸로 투사
되었다는 것이다. 한편 부쎄(W. Bousset)는 종교사학적 입
장에서 전이(轉移)이론을 말하는데, 기존에 퍼져있던 그리스
도론적 호칭(메시아)들이 일부가 예수에게 전이되었을 가능
성을 말하고 있다. 어떤 점에서는 예수가 자신을 메시아로
이해하고 인자(人子)를 자청했을 것이고, 여기에 특정한 구원
자에 대한 기존의 신앙이 예수에게 전이됨으로써 예수는 구원
자의 반열 속에 뛰어 들게 되었다는 것이다.

이 같이 브레데의 양식비평적 회의주의와 부쎄의 종교사학
적 전이 이론을 종합한 이가 루돌프 불트만이었다. 그러나
불트만은 부쎄와 달리 역사적 예수는 스스로 숭고한 그리스도
론적 호칭을 주장하지 않았다고 한다. 예수가 말한 '인자'는
자기 자신과는 구별된 미래의 심판자를 말하는 것이라는 주장
이다.

불트만에 의하면 예수는 자신을 메시아라고 생각하지 않았
지만 메시아로 고소당했고, 정치적 오해로 죽음을 당했을
뿐 그저 암묵적으로 숭고한 명칭을 주장한 셈이라는 것이다.
불트만이 중요하게 생각한 것은 예수가 자신을 어떻게 이해했
느냐 보다는 하나님이 십자가와 부활을 통해 예수에게 어떻게
행했느냐 하는 점이다. 이러한 하나님의 행위에 대한 케리그
마는 당시에도 이미 존재했던 개념이지만 예수의 십자가 처형

을 통해 더욱 역사화되었다는 것이다.

2. 신앙의 그리스도

그리스도론에 대한 일련의 역사비평적 연구가 예수의 메시아성과 관련하여 여러 가지 합리론적 설명을 시도하고 있으나 예수 그리스도에 대한 지식은 단순히 학문적이거나 역사적인 지식이 아니라, 신앙의 지식이다. 이 신앙의 지식은 인간의 구원과 관계되는 문제다. 그러므로 예수에 대한 신앙은 단지 예수를 아는데 그치는 것이 아니라 그를 믿고 따르는 일이 중요하다. 예수에 대한 성서의 증언과 초기 공동체의 선포는 예수가 단순히 고귀한 삶을 살았고 진리를 가르친 교사에 지나치는 것이 아니라, 그의 삶과 죽음과 부활이 우리를 비롯한 모든 이들을 위한 것임을 선포하는 것이다(마가복음 10:45, 로마서 5:8, 8:32, 고린도전서 15:22).

성서와 교회의 증언은 **예수 안에서 하나님이 이 세상에 용서와 해방과 화해와 새로운 삶을 가져왔다는 사실이며, 이 예수 안에서 하나님이 결정적으로 자신을 계시하고 있다는 점이다.** 예수의 메시아성은 이스라엘 백성의 역사 속에서 그리고 전 우주를 통한 하나님의 목적과 활동에 비추어 해석될 수 있는 것이며, 그리스도의 인격과 사역은 결코 분리되는 것이 아니다. 마태가 주장했듯이, 예수는 그의 이름과 함께 사역이 실행되었다. "아들을 낳으리니 그 이름을 예수라 하라. 이는 그가 자기 백성을 저희 죄에서 구원할 자이심이라 하니라"(마태복음 1:21).

신약성서에서 그리스도는 다양한 모습으로 나타난다. 〈마태복음〉은 예수의 가르침을 강조하고, 〈마가복음〉이나 바울의 편지들은 예수의 수난을 강조하는가 하면 〈요한복음〉은 부활하신 주님의 영광과 승리에 강조점을 둔다. 이 같이 그리스도는 많은 모습으로 인류에게 다가간다.

부활한 그리스도는 모든 시대와 장소를 넘어 그리스도를 주로 고백하는 모든 이들에게 구원자가 되시며 그리스도-메시아는 모든 인간의 신학적 통찰을 뛰어 넘는다. 예수는 "너희는 나를 누구라고 생각하느냐?"라고 묻는다. 이에 베드로는 "주는 그리스도이십니다"(마가복음 8:29)라고 대답한다. 많은 교회의 신조들이 있지만 그 어느 그리스도론도 그리스도의 신비와 깊이를 모두 다 설명해 줄 수 없다. 요한 계시록은 그 적절한 대답이 될 것이다. 예수 그리스도는 "이제도 계시고 전에도 계시고 장차 오실이이다"(요한계시록 1:4).

이제 그리스도의 사역에 대한 고전적인 해석들을 몇 가지 살펴보자. 그리스도의 사역은 십자가를 통해 나타난 속죄의 직무다. 이 속죄의 직무를 몇 가지로 분석해 보면, 우선 우주적인 영적 투쟁을 통한 승리자로서의 그리스도를 생각하게 한다. "정사와 권세를 벗어버려 밝히 드러내시고 십자가로 승리하셨느니라"(골로새서 2:15). 이는 십자가로 인한 우주적 승리를 말해준다.

또 하나의 고전적 속죄론은 안셀름주의의 만족설(배상설)이다. 이것은 인류가 속죄 받는 방법으로 예수가 대속의 수난을 받았다는 것이다(이사야 53, 갈라디아서 3:13). 안셀름(Anselm)의 이러한 견해는 중세 시대의 사고에서 비롯된 것으로 범죄와 배상에 대한 사회적 의무를 염두에 둔 개념이다. 그러나 **안셀름 식의 배상론은 하나님의 은혜를 조건적인 것으로 만든다는 점에서 문제가 된다.**

그리스도의 사역과 관련된 속죄론의 또 다른 이론으로 '도덕적 감화 이론'이 있다. 이것은 그리스도의 우주적 투쟁이나 어떤 법률적 배상이 아니라, 그리스도의 죽음이 하나님의 사랑을 보여주기 위함이라고 주장하는 것이다. 처음에 아벨라르드(P. Abelard)에 의해 주창된 것이 후에 미국의 부쉬넬(H. Bushnell)에 의해 널리 보급되었는데, 이 이론도 장점이 있으나 하나님의 사랑을 감상주의적으로 만드는 경향이 있으며 이 세상에서의 악의 능력을 과소평가한 점도 있다.

이에 비해 칼빈은 그리스도가 예언자와 제사장과 왕으로서의 직무를 감당한다고 주장한다. 예언자로서의 그리스도는 다가올 하나님 나라의 통치를 선포했고, 그 통치에 적합한 양식의 삶을 우리에게 가르쳤고(도덕적 영향설), 제사장으로서의 그리스도는 우리를 위해 완벽한 사랑과 희생을 하나님께 드린 분이시다(만족설). 그리고 왕으로서의 그리스도는 악의 저항에도 정의와 평화의 통치가 궁극적으로 승리함을 보여준다.

칼 바르트 또한 그리스도의 세 직책을 보완하여 설명한다. 예수의 인성과 신성이라는 고전적인 두 본성의 교리와 모욕과 고양이라는 두 가지 측면을 상기시키면서 '종으로서의 주님'을 설명한다. 이를테면 예수 그리스도의 수난 속에서도 하나님은 그를 통해 제사장으로서의 겸손한 활동으로 우리를 구원해주셨다는 점이다.

이상에서 우리는 그리스도에 대한 다양한 해석을 살펴보았다. 성서적 전통에서 볼 때 무엇보다 중요한 것은 그리스도를 통해 나타난 속죄의 교리가 어떤 하나의 일반론으로 축소되어서는 안 되며, 성서에 나타난 다양한 속죄의 풍부한 은유를 존중해야 한다는 것이다. 그 가운데서도 십자가와 부활의 복음은 빠뜨릴 수 없는 가장 소중한 교리가 된다.

속죄의 사역은 하나님의 은총과 자비로운 주도권에 속하는 영역이지만 인간의 응답을 요구한다. 하나님의 은혜는 동시에 심판을 내포하며 하나님의 심판은 동시에 은혜에 기초하고 있다. 그러므로 그리스도의 속죄의 직무는 은혜와 심판을 대립적인 관계로 분리시키는 것이 아니라 자비로운 은혜와 공정한 심판을 함께 수행하는 개인과 사회와 우주적 해방의 직무인 셈이다. 그리스도론을 마치면서 다음과 같은 미글리오리의 주장은 귀담아 들을 만하다. "예수 그리스도는 어떠한 그리스도론보다 훨씬 더 위대하다. 그러므로 예수 그리스도에 대한 고백은 지나치게 방어적이라기보다 기대적이어야 하며, 회고적이라기보다는 전망적이어야 한다." 이 말은 그리스도론을 어떤 고전적 교리에 갇혀 두어서는 안 된다는 것이고, 열린 시각으로 하나님에 대한 지식의 불완전성을 고백하면서 그리스도 안에서 나타난 하나님의 계시를 완전히 이해할 수 없음도 겸손하게 인정해야 한다는 점이다. 그런 점에서 그리스도인들은 예수 그리스도 안에 비추어진 하나님의 빛을 충실히 따라 살도록 노력을 기울여야 함과 동시에 다른 종교인들과의 대화를 통해 더욱 밝게 빛나는 빛을 확신해야 할 것이다.

제 **7** 장

성령이란 무엇인가?

성령은 삼위일체 하나님 한 분으로서 창조와 구원이라는 하나님의 활동에 동참한다. 성령에 대한 신학적 논의는 신론이나 예수 그리스도론에 대해 상대적으로 훨씬 덜 연구되어 온 것이 사실이다. 교회사적으로 성령에 대한 관심이 많았던 시기는 교부 시대의 몬타누스주의자들과 급진적인 종교개혁을 주장했던 "열광주의자들", 그리고 근대에 이르러 1900년대 초기의 오순절주의자들과 같은 주변 집단들에 의해서였다. 그러나 오늘날 가톨릭교회를 포함하여 개신교에서도 성령에 대한 관심은 그 어느 시대보다 더욱 높아졌다. 왜냐하면 영성(靈性, spirituality)에 관한 새로운 이해와 관심 때문이다.

근현대에 와서 성령이 신학적 주목을 받기 시작한 것은 철학자 헤겔(Hegel)이 하나님을 '절대정신'이라고 강조하고, 신학자 폴 틸리히가 그의 책 『조직신학』에서 성령의 중요성을 강조한 이후였으며 근래에 이르러 위르겐 몰트만과 볼프하르트 판넨베르그 같은 신학 사상가들이 성령의 정체성을 새롭게 이해하고 논의를 발전시켰기 때문이다.

성령에 대한 논의의 전개 방식은 다양하다. 이를테면 성령은 완전한 하나님인가, 아니면 성부 하나님보다 못한 존재인가, 인격인가 아니면 단순히 비인격적인 힘인가 하는 논의가 주된 것이었다. 이러한 질문들에 대한 고전적 대답은 성령이 하나님이며 인격적이라는 사실을 성경을 통해 답하고 있다. 결국 이러한 사상은 삼위일체의 제3위라는 결론에 이르게 된다.

1. 구약 성서는 성령을 어떻게 말하는가?

사도신경에서도 언급되듯이, 교회는 전통적으로 "성령을 믿사오며"라는 고백을 이어왔다. 삼위일체의 교리에 나타난 성령은 완전한 하나님이요 완전한 인격이다. 그러나 이러한 고백이 나오기까지는 이스라엘 백성과 하나님의 관계 속에서 그리고 초기 그리스도교 공동체 때부터 성령에 대한 체험이 계속되면서 성령의 정체성을 더욱 확신하고 밝혀온 신학적 작업의 노력이 있었기 때문이다.

구약성서 시대에만 하더라도 삼위일체로서의 성령론적 교리를 복잡하게 전개하지 않았다. 그러나 하나님의 영에 대한 인식은 분명히 존재하고 있었다. **구약에 나타난 하나님의 영은 히브리어로 "루아흐"**(ruach)**였다.** 이 단어의 뜻은 '바람'(창세기 8:1, 출애굽기 10:13), '숨, 호흡'(에스겔 37:1-10)을 의미하는 것이었다. 현대도 마찬가지이지만 고대인들에게서 숨이나 호흡은 생명과도 같은 것으로 여겨졌다. 이런 점에서 '루아흐'는 생명의 기운을 가지는 '생명의 영'이라는 의미를 지니게 된다(창세기 6:17, 7:15,22). 동시에 루아흐는 생명을 창조하고 신적인 생명을 불어 넣는 힘으로 여겨졌다.

생명을 불어 넣는 하나님의 힘으로서의 '루아흐'는 세계 속에서 활동하는 하나님의 영이다. 하나님의 영으로서의 성령은 인간의 이해를 넘어서는 초월적 힘이자 '하나님의 자기 지식'(고린도전서 2:10-12)이다. 또한 〈시편〉 기자의 진술대로 하나님의 영은 우주에 편재한다. "내가 주의 영을 떠나 어디로 가며 주의 앞에서 어디로 피하리이까?"(시편 139:7). 구약성서에서 '하나님의 영' 혹은 '주의 영'이라는 말 대신에 '거룩한 영'이라는 표현은 하나님 앞에 범죄 하였을 경우와 관련하여 사용되고 있다. 다윗이 우리아의 아내 밧세바와 동침한 이후의 고백에서 이러한 표현이 나온다. "나를 주 앞에서 쫓아내지 마시며 주의 '성신'을 내게서 거두지 마소서"(시편 51:11). 성신(聖神), 곧 거룩한 영은 인간의 도덕성에 직면하여 사용되는 개념이었다.

하나님과 그의 영은 구약성서에서 각각 구별되어 사용되고 있다. 이것이 삼위일체 개념의 최초 단계라고 볼 수 있다. 구약성서의 기자들은 성령의 역할을 창조 활동에서 시작하는 것으로 보았다. '하나님의 영이 수면 위에 운행하셨다'는 것은 하나님의 창조활동의 시작이 되며, 하나님이 숨을 쉬는 것으로 최초의 인간에게 생명을 주었고(창세기 2:7), 성령의 임재가 인간의 생명을 유지시키는 것으로 이해했다(창세기 6:3, 욥기 27:3, 34:14-15). 이런 점에서 성령은 하나님의 창조의 대리 역할을 하고 있다.

뿐만 아니라 **성령은 특정인에게 하나님의 초자연적인 권능으로 나타났다.** 성령은 인간에게 예술적 창의성을 부여해 주기도 했다. "하나님의 신을 그에게 충만하게 하여 지혜와 총명과 지식과 여러 가지 재주로 공교한 일을 연구하여 금과 은과 놋으로 만들게 하며 보석을 깎아 물리며 나무를 새겨서 여러 가지 일을 하게했다"(출애굽기 31:1-5). 또한 성령은 이스라엘의 사사들에게 하나님의 초자연적 능력을 부여하는 일도 했다(사사기3:10, 6:34, 14:6, 15:14).

왕정 시대에 이르러 이스라엘 백성이 성령의 임재를 위해 왕이나 제사장 또는 선지자들에게 의지하였다. 이때부터 성령의 임재를 위한 특별한 예식이 생겨났는데 그것이 '기름부음'이다(사무엘상 16:13). 손을 얹는 행위, 곧 '안수(按手)'는 성령이 한 사람에게서 다른 사람에게로 전달되는 과정을 표시했다(민수기 27:23, 신34:9). 구약성서에서 성령의 수여나 임재는 영구적인 것이 아니라 일시적인 것이었고, 불순종한 사울왕의 경우와 같이 때에 따라서는 성령이 떠나가기도 했다(사무엘상 16:14). 구약의 성령의 임재는 주로 부분적이고 일시적인 체험들이다. 따라서 선지자들은 장차 온전하게 체험하게 될 성령의 도래를 예고한다. 그들은 성령의 기름 부음으로 이방에 공의를 베풀 자, 곧 메시아를 기다렸고(이사야 42:1), 선지자는 언젠가 하나님이 그의 영을 이스라엘 집에 부어 주실 것을 예언했다(에스겔 39:29). 이스라엘 집에 성령이 부어지는 사건은 하나님의 임재를 보편적으로 체험하게 될 계기가 되는 것이다(욜기 2:28-29). 그것은 각 사람이 하나님에게 직접 다가갈 수 있음을 말하는 것이다.

2. 신약성서의 성령과 그리스도

구약의 선지자들이 예언한 성령의 대망(大望)은 나사렛 예수의 생애와 활동에서 종말론적으로 성취되고 있다. 세례 요한은 예수를 보고 "하나님의 보내신 이는 하나님의 말씀을 하나니 이는 하나님이 성령을 한량없이 주심이니라"(요한복음3:

34)고 말하고 있다. 예수가 히브리인들이 대망하던 성령을 받은 것으로 알려진 결정적 계기는 예수가 회당에서 이사야의 예언을 낭독하면서 그 예언이 자신에게 성취되었다고 선포한 데 있다. "주의 성령이 내게 임하셨으니 이는 가난한 자에게 복음을 전하게 하시려고 내게 기름을 부으시고 나를 보내사 포로 된 자에게 자유를, 눈먼 자에게 다시 보게 함을 전파하며 눌린 자를 자유롭게 하고 주의 은혜의 해를 전파하게 하려 하심이라"(이사야 61:1-2, 누가복음 4:18-19).

예수는 성령의 기름부음을 통해 권능을 얻고 생애의 중요한 고비마다 성령의 능력으로 극복한다. 성령의 권능은 예수의 탄생(누가복음 1:35)과 세례를 받을 때(요한복음 1:32), 그리고 죽음과 부활의 과정에서 지속적으로 나타난다(로마서 8:11). 예수는 공생애 동안 성령을 통해 귀신을 좇아내기도 하였고(마가복음 12:28), 성령의 권능으로 다양한 능력을 보였지만, 요한이 말하는 '보혜사'가 올 수 있도록 떠나야 했다. "내가 너희에게 실상을 말하노니 내가 떠나가는 것이 너희에게 유익이라. 내가 떠나가지 아니하면 보혜사가 너희에게로 오시지 아니할 것이요 가면 내가 그를 너희에게 보내리니"(요한복음 16:7). 예수가 '떠나야' 보혜사가 임한다는 사실과 "예수가 아직 '영광을 받지 않으셨으므로' 성령이 아직 그들에게 계시지 아니하시더라"(요한복음 7:39)는 말은 예수의 죽음

과 부활 이후에 성령이 보혜사로서 임할 것을 말하고 있는
것이다.

　예수는 구약에 예언된 대망의 성령을 부여받은 성취자임과
동시에 성령을 전달해 줄 중재자로서의 역할을 지녔다. 〈요한
복음〉에 따르면, 예수는 또 다른 보혜사를 제자들과 그의
공동체에게 보내 줄 것을 약속한다. "내가 아버지께 구하겠으
니 그가 또 다른 보혜사를 너희에게 주사 영원토록 너희와
함께 있게 하시리라"(14:16). 보혜사는 헬라어로 "파라클레토
스"(parakletos)로서 '돕는 자'라는 의미를 지닌다. 이 돕는
자로서의 보혜사는 주님이 제자들과 세상 끝 날까지 함께
계시리라는 사실을 상기시키고(요한복음 14:16-19, 마태복음
28:20), 그들을 진리 가운데로 인도 할 것이다(요한복음
16:12-15). 성령은 제자들에게 기사(奇事)와 표적을 일으킬
능력을 부여해 줄 것이며, 성령으로 예수가 지상에서 사역했
던 일 보다 더 큰 것도 할 수 있을 것임이 예고되었다(요한복음
14:12).

3. 오순절과 성령

성령이 제자들에게 임하는 방식과 의의에 대해 〈요한복음〉
과 〈사도행전〉은 각각 다른 각도에서 설명되고 있다. 요한은
성령을 "숨"과 관련하여 생기를 불어 넣는 점을 강조하는데
이는 창세기의 성령의 역할이 "숨"과도 관련이 있는 것과
비교된다. "저희를 향하여 숨을 내쉬며 가라사대 성령을 받아
라"(요한복음 20:22). 이 구절은 〈창세기〉에서 하나님이 아담
을 창조할 때 "숨"을 내쉬며 생기를 불어 넣는 장면을 연상
시킨다. 〈요한복음〉은 서두부터 〈창세기〉의 창조 기사와
유사한 구조를 이룬다. 요한의 우주론적 전망이 〈창세기〉의
전개방식과 흡사하다. 또한 요한에게서 성령은 '진리의 영'으
로서 죄에 대하여, 의에 대하여, 심판에 대하여 세상을 책망하
고 예수의 영광을 드러낼 자로 소개된다(요한복음 16:7-14).

반면에 〈사도행전〉에서는 구체적으로 사람들이 성령을 받
은 경위가 예수의 승천 이후에 오순절 날에 일어난 것으로
진술하고 있다(사도행전 2:1이하). 성령이 임하는 장면은 역
사적 사건으로 구체적으로 진술되고 있다. "하늘로부터 급하
고 강한 바람 같은 소리가 있어 저희 앉은 온 집에 가득하며
불의 혀같이 갈라지는 것이 저희에게 보여 각 사람위에 임하
여 있더니 저희가 다 성령의 충만함을 받고 성령이 말하게

하심을 따라 다른 방언으로 말하기를 시작 하니라"(사도행전 2:2-4). 이 오순절 성령 체험은 "한 성령"(고린도전서 12:13)을 받은 자들로서의 교제(koinonia)와 새로운 공동체의 탄생을 예고했다. 이로써 그들은 물건을 서로 통용하는 초대교회의 이상적 공동체를 시작으로(사도행전 2:43-47)전 세계에 교회의 확산을 가져오는 계기가 마련된 셈이다.

〈사도행전〉의 성령 강림은 세례를 받은 제자의 수가 삼천 명으로 늘어나면서 새로운 선교의 시작을 알리는 출발점이기도 했다(사도행전 2:41). 오순절 성령 강림 사건은 구약에 예언된 사실의 성취라는 점을 누가가 증언하고 있다. 이는 베드로의 설교를 통해서 분명해진다. 베드로는 선지자 요엘의 예언을 다시 상기시킨다. "하나님이 가라사대 말세에 내가 내 영으로 모든 육체에게 부어 주리니 너희의 자녀들은 예언할 것이요, 너희의 젊은이들은 환상을 보고 너희의 늙은이들은 꿈을 꾸리라..."(사도행전 2:14-22).

일회적으로 일어난 오순절 사건은 하나님이 미래의 역사 속에서 새로운 성령의 활동을 구체적으로 수행해 나가는 이정표가 되었다. 이 성령은 바울의 표현을 따르면 그리스도인이 되기 위한 없어서는 안 될 결정적인 요소다. "만일 너희 속에 하나님의 영이 거하시면 너희가 육신에 있지 아니하고 영에 있나니 누구든지 그리스도의 영이 없으면 그리스도의 사람이 아니라"(로마서 8:9).

4. 성령의 삼위 일체적 활동

성령은 부활한 그리스도의 임재를 공동체가 느낄 수 있도록
도왔다. 바울은 그리스도인이 '그리스도 안에' 있는 것(로마서
8:1)과 '성령 안에' 있는 것(빌립보서 2:1)이 동일한 것으로
여겼다. 한편 성령의 역할은 예수의 역할을 계승하는 것임과
동시에 예수를 영화롭게도 하고(요한복음 16:14), 증거 하기
도 한다(요한복음 15:26). 이것은 바울이 하나님의 영을 '그리
스도의 영'이라고 하거나(로마서 8:9, 빌1:19), '아들의 영'(갈
라디아서 4:6)이라는 점에서 알 수 있다. 바울이 증거 하는
성령의 강조점은 "생명을 주는 영"이다. "예수를 죽은 자 가운
데서 살리신 이의 영이 너희 안에 거하시면 그리스도 예수를
죽은 자 가운데서 살리신 이가 너희 안에 거하시는 그의 영으
로 말미암아 너희 죽을 몸도 살리시리라"(로마서 8:11).

삼위일체에 대한 고전적 논쟁은 기원 후 4세기 알렉산드리아
의 아리우스(Arius)와 아타나시우스(Athanasius)의 신학 논
쟁이었다(기원후 325년). 그때 아리우스는 '성령은 성자의

첫 번째 피조물이었다'고 주장함으로써 아타나시우스의 반박을 불러왔다.

아타나시우스에 의하면 우리 마음속에 들어 온 성령이 하나님의 영이 아니라면 우리는 하나님과 진정한 공동체를 이룰 수가 없다고 주장하자, 교회는 그의 주장을 받아들여 콘스탄티노플 공의회(기원후 381년)에서 성령의 인격성을 교리로 채택한 바 있다. 요한에 의하면, '하나님은 사랑'이다(요한일서 4:8). 그리고 성부와 성자는 영원한 사랑의 관계를 맺고 있다. 그들이 공유하는 사랑이 바로 성령이기도 하다. 앞에서 살펴본 구약성서에 나타난 하나님의 영은 창조적 활동에 기여했다. 그 하나님의 영은 예수의 탄생과 사역 가운데 능력으로 나타났고, 죽음과 부활에도 함께 했다. 예수의 부활 이후 오순절의 성령은 예수를 대신해서 보혜사가 되어 모든 신자들에게 하나님의 영으로, 생명을 살리는 영으로 함께한다. 그리하여 성부와 성자와 성령은 한 분 하나님의 영으로서의 삼위일체적 활동을 펼친다.

이 같이 삼위일체로서의 성령은 세상에 구원을 가져오는 일과 하나님의 계획을 완성케 하는 신적인 동력으로서 그 본질은 사랑이다. 그러므로 **성령은 창조의 영이자 생명의 영이며 동시에 진리의 영이고 또한 사랑의 영으로서** 하나님의 모든 속성을 공유하고 하나님의 뜻을 구체적으로 역사 속에서

실현시킨다. 이 같은 성령은 구약성서의 창조 때 보다는 '종말론적 창조자 영'으로서 더욱 역할이 분명해진다. 종말론적이라 함은 하나님의 통치를 완성하고 하나님 나라의 궁극적 완성을 목표로 하는 일에 창조적으로 활동하시기 때문이다. 오순절에 그리스도교의 공동체의 탄생에 성령이 결정적인 역할을 하였듯이 다가 올 하나님의 나라의 완성을 위해서도 끝날까지 성령의 창조적인 역할이 기대되기 때문이다. 그러므로 종말론적 성령은 창조의 영이다.

삼위 일체적 하나님의 세 역할을 구분해 본다면, 성부는 창조 행위의 원천이자 근거이기에 궁극적 의미에서는 창조주요, 로고스(logos, 창조의 원리)로서의 성자는 창조의 매개자이며 성령은 창조 속에 활동하는 하나님의 능력으로 설명될 수 있을 것이다. 성부는 만물을 새롭게 하며(요한계시록 21:5), 성자는 새로운 하나님 나라의 질서를 따라가야 하는 모든 이들의 모범이고(요한일서 3:2), 성령은 부활과 함께 새 창조를 가져 올 하나님의 능력으로 정의할 수 있다. 그럼에도 불구하고 삼위일체의 역할과 존재 방식에 대해서는 아무리 이론적으로 혹은 이성적으로 해석한다고 해도 획일적인 답변으로 설명할 수는 없을 것이다. 다만 하나님의 구원하시는 섭리 속에서 인간은 그리스도와 성령의 도우심을 통해 새로운 인간으로 거듭나 하나님의 자녀로 살아가는 거룩한 공동체의

일원이 된다는 그리스도교의 기본적인 가르침임을 확인할
필요가 있다.

5. 현대 사회 속에서 성령의 역할은 무엇인가?

성령에 대한 그리스도교적 이해는 영성이라는 말로 다시
새롭게 해석되고 있다. 넓은 문화적 관점에서의 성령은 현대
사회와 교회의 제도적 틀 속에서 비인간화되는 모든 현실에
저항하는 힘으로 해석된다. 생명력을 상실한 외부적 권위와
지배에 대하여 성령은 소생시키는 힘이다. 나아가서 **성령은
하나님 안에서 이루어지는 사랑과 우정의 관계, 그리고 개인
적이고 공동체적인 위기를 극복하는 영적인 원천이다.** 또한
성령은 사회적 정의와 평화를 추구함에 있어 발생하는 모든
피곤함과 좌절을 딛고 일어설 수 있는 힘을 제공한다.
20세기에 이르러 더욱 성령의 활동이 활발해지게 된 오순절
운동과 남미의 해방신학 혹은 동방 정교회의 영향력들이 성령
이해를 새롭게 하고 있다. 성서적 관점에서도 새로운 성령해
석이 진행되고 있는데 그것은 그동안 상대적으로 등한시 되어
왔던 구약성서의 성령 이해다. 구약성서의 창조적 '호흡'으로
서의 영의 개념(시편 104:29-30), 용기를 주는 영(학개서
2:4-5), 죽음에서 새 생명을 주는 영(에스겔 37), 소망의 영(에

스엘 2:28-29), 정의를 실현하는 영(사사기 11:1 이하) 등이다.

　이러한 성령의 새로운 이해와 조명은 오늘날 메마른 현대사회에 생명을 다시 회복시키는 생태적 해석으로 다시 해석될 수 있을 것이고, 정의와 평화의 공동체 건설을 위한 힘으로도 작용할 수 있을 것이다. 이러한 성령의 활동은 모든 신앙인들을 그리스도 안으로 연합시키며 새로운 인간 창조를 가능하게 한다. 그것은 곧장 성령의 해방의 사역이며 공동체적 사역이고 미래의 하나님 나라를 앞당겨 선취하는 능력이다. 이러한 실현을 위해서 주어지는 하나님의 선물이 성령의 다양한 은사들이다. 오늘날은 특히 성령이 여성적 이미지로 재해석되고 있다. 가부장적 권위에서 벗어나 참된 양육의 정신으로서의 모성적 역할로서의 성령의 이미지는 현대적 성령이해의 또 하나의 산물이다.

　성령은 무엇보다도 그리스도인을 죄에서 벗어나 의롭게 하는 칭의(稱義)의 과정을 도우며, 성화(聖化)의 삶을 살도록 인도한다. 성령은 그리스도 안에서의 새로운 삶의 양식을 따라 소명을 가지고 목표를 향해 움직이도록 이끈다. 성화는 사랑을 통해 성숙해 가는 과정이다. 그리스도인은 말씀과 기도를 통해 성숙해 갈 뿐 아니라, 근본적으로는 주의 영 곧 성령을 통해 비로소 자유함을 얻는다. "주는 영이시니

주의 영이 있는 곳에 자유함이 있느니라"(고린도후서 3:17). 인간을 자유롭게 하는 성령은 모든 율법과 속박으로부터 자유롭게 한다. 이 자유로움 속에서 **성령은 인간으로 하여금 자연과 이웃과 공동체와의 연대를 가지도록 회개와 각성을 촉구하여 서로 상생하도록 이끈다.** 모든 일의 과정에서 성령은 궁극적으로 하나님께 감사와 기쁨의 삶을 살도록 인도한다.

제**8**장

성서는 어떤 책인가?

성서는 우리에게 무엇인가? 〈히브리서〉 기자는 1장 1-2절에서 다음과 같이 성서의 권위와 가치를 하나님으로부터 말미암은 것으로 설명한다. "옛적에 선지자들로 여러 부분과 여러 모양으로 우리 조상들에게 말씀하신 하나님이 이 모든 날 마지막에 아들로 우리에게 말씀하셨다." 구약성서에 의하면 하나님은 예언자들 곧 이사야나 사무엘 등에게 직접 음성을 통해 말씀하시기도 하고, 신약 성서에서는 예수가 세례 받을 때에 하늘에서 음성이 들려오기도 했다.

그러나 이때의 음성은 하나님의 목소리의 진동을 거쳐서 나온 말씀이 아니라 사람이 알아들을 수 있는 방법으로 말씀을 하셨다는 뜻이다. 다시 말해서 신·구약 성서는 영감으로 기록된 말씀이다. 하나님께서 여러 모양으로 말씀하신 내용이 구약에는 율법과 예언과 묵시 문학 혹은 역사적 사실 등을 통해 기록되어 있다. 그 후 예수 그리스도의 탄생과 생애를 통해 예수의 활동과 말씀에 근거하여 신약 성서도 기록 되었다.

　성서 혹은 성경을 의미하는 영어 "Bible"은 고대 파피루스 용지의 한 부분을 뜻하는 그리스어 "biblos"에서 유래한 말이다. 성서는 각각 "오래된 계약"과 "새로운 계약"을 의미하는 "구약성서(Old Testament)"와 "신약성서(New Testament)"로 구분되는데 이렇듯 "오래된 계약", "오래된 약속"이라는 의미의 구약성서는 "새로운 계약", "새로운 약속"이라는 의미의 신약성서와 구분지어 붙여진 이름이다. 그렇기 때문에 예수 시대에 등장한 신약성서가 나오기 전에는 구약성서만이 있었으며, 따라서 구약과 신약을 구분하는 기준이 바로 예수 그리스도인 것이다. 그러나 구약성서와 신약성서는 서로 구별되면서도 결코 구분될 수 없다.

　구약성서와 신약성서에서 공통적으로 기록된 모든 이야기와 사건들은 하나님의 위대한 역사를 보여 준다. 이는 **하나님께서 역사적 사건을 통해 인간을 향해 걸어 나오심**을 의미한다. 이를 계시라고 하며 성서에서는 이러한 계시가 수많은 필자들, 즉 예언자와 현자, 그리고 사도들에 의해 씌어져 있는데 구약에서는 율법과 약속으로, 신약에서는 그리스도 예수의 인격을 통해 구체화되고 있는 것이다.

구약은 하나님의 뜻을 어긴 인간들이 메시아를 기다리는 구원의 역사를 보여주고 있으며, 신약은 예수의 탄생부터 공생애(복음 선포), 죽음과 부활의 소망, 초대 교회 사도들의 복음 전파를 전하고 있는 책이다. 그것은 하나님의 구원 역사가 예수 그리스도를 통해 성취되고 완성된, 구체적인 하나님의 구원 행동에 관한 기록이기 때문이다.

하나님께서 인간에게 자신을 드러내시는 계시의 말씀이자 기록인 성서는 **이스라엘 민족의 역사를 통해 스스로를 드러내신 구약의 하나님께서 신약에서 그리스도 예수를 통해 자신의 모습을 드러내심**을 보여주고 있다. 그렇기 때문에 그리스도교 신앙에서 성서는 하나님과 만나는 구체적인 통로라 할 수 있을 것이다.

성서는 원래 46권의 구약성서와 27권의 신약성서 등 총 73권으로 이루어져 있는데 마르틴 루터(M. Luther)의 종교개혁 이후 프로테스탄트 신교에서는 〈토비트〉, 〈유디트〉, 〈지혜서〉, 〈집회서〉, 〈바룩〉, 〈마카비서 상〉, 〈마카비서 하〉 등 외경(外經, 또는 제 2경전) 일곱 권의 책을 정경(Canon; '척도' 혹은 '자'라는 뜻) 성서로 인정하지 않기 때문에 성서를 총 66권으로 받아들이고 있다. 그러면 이 장에서는 구약성서와 신약성서의 형성 과정을 차례로 살펴보도록 하겠다. 아울러 구약성서와 신약성서는 과연 어떤 책이며 어떻게 구성되었는지 그리고 그 속에 담겨져 있는 말씀의 본질은 무엇인지 함께 살펴보도록 하겠다.

1. 구약성서

1) 구약성서의 형성 과정

유대인 학자 요세푸스(Josephus, 100 A. D.)는 구약성서에 대해 다음과 같이 말한다. 첫째, **성서는 하나님의 영감으로 된 것이며, 일정한 계시의 기간에만 기록된 것이다.** 즉, 모세로부터 아닥사스(Artaxerxes, 465-424 B. C.) 왕 때까지의 기록이다. 둘째, 성서는 자료의 거룩한 성격 때문에 세속적 문헌과 구별되며 건드리기만 해도 손이 부정을 탄다. 그러한 손은 결례(潔禮)의 의식을 통해서 깨끗해 질 수 있다. 셋째, 성서에 포함되는 책의 수는 제한되어 있다. 넷째, 단어 하나도 바꿔서는 안 된다. 이 같은 생각이 고대로부터 성경에 대해 가지고 있던 주된 생각이었다. 현재 우리가 지니고 있는 66권의 성서의 배열은 율법서, 역사서, 시서, 예언서의 순서로 되어 있지만, 본래 유대인들은 율법서(토라), 예언서(느비임), 성문서(聖文書, 케투빔)의 세 부류로 구분했다. 이 세 부류는 성립의 순서를 말해 주는 것이기도 하다.

오늘날 우리가 지닌 성서의 배열은 다음과 같은 이유에 따른 것이다. 기원 후 90년 얌니아(Jamnia) 회의에서 유대인 학자들이 39권으로 된 구약성서를 정경으로 채택하자 이집트의 알렉산드리아에 있던 유대인들은 이의를 제기했다. 39권 이외의 책들도 정경에 포함해야 한다는 것이었다. 알렉산드리아에서 헬라어로 번역된 구약성서 즉 70인 역에 다른 책들도 추가하여야 한다는 주장이었다. 이 때 70인 역에서는 율법서를 제외하고 다른 책들의 순서를 바꾸었는데 그것을 오늘날 우리가 그 순서대로 채택하여 쓰고 있는 것이다. 그러므로 우리는 정경(正經, 원래 곧은 막대 혹은 자를 뜻한다)의 형성에는 역사적 발전이 있었다는 것을 알 수 있다.

(1) 율법서

유대인들은 성서의 여러 부분 가운데서 율법서를 가장 중요시했다. 메시아가 오시면 예언서와 성문서는 폐기 될 것이지만 율법만은 영원히 남아있을 것이라고 믿었다. 복음주의 신학자들 가운데 오경은 하나님이 모세에게 불러주어 쓰시게 하신 것이라고 믿지만 오경 전체를 모세가 기록한 것이라고 보기 어렵다는 것이 오늘날 학계의 새로운 이론이다. 율법서를 자세히 보면 그것은 하나의 합성된 문서이고 오랫동안 자라고 발전되어서 이루어진 문서임을 알게 된다. 율법의 한 마디 한마디가 모세를 통하여 전해졌다고는 하지만 모세

이외의 다른 사람도 손을 대었음을 쉽게 찾아 볼 수 있다. 이를테면 신명기 34장은 모세가 죽은 후의 일을 말하고 있으니 모세 자신이 그것을 기록했다고 볼 수 있을까? 이 밖에도 창세기의 기사 가운데는 모세 이후의 역사적 사실을 기록하고 있는 사례가 많다(창14:14과 삿18:29의 비교, 창36:31 참조). 또한 오경에 블레셋 사람들이 언급 되지만(창21:34, 26:14-18, 출13:17) 역사가들의 진술에 따르면 기원전 1200년경까지는 그들이 팔레스틴에 나타나지 않았다는 것이 정설이다. 그러므로 이러한 진술들은 모두 모세 시대보다 훨씬 이후에 씌어진 것이라고 볼 수 있다.

이 밖에도 하나님의 이름을 사용하는 데에도 여러 차이가 있음을 보게 된다. 예컨대 출애굽기 6:2-3에는 "하나님이 모세에게 말씀하여 가라사대 나는 여호와(야웨)로라. 내가 아브라함과 이삭과 야곱에게 전능의 하나님으로 나타났으나 나의 이름을 여호와로는 그들에게 알리지 아니하였다"고 기록하고 있다. 그런데 정작 창세기 15:2, 8에는 아브라함이 하나님을 여호와라는 이름으로 부른 것을 볼 수 있다. 사라와 라반도 그의 이름을 불렀고(창12:2, 24:31), 셋의 시대에도 여호와의 이름이 사용되었다(창4:26). 이는 모세의 때보다 훨씬 이전에 여호와라는 신명이 알려지고 있었음을 말해주는 증거다. 그러므로 모세에게 처음으로 알려졌다는 구절은 성서 본문이 서로 다른 자료에 근거하고 있기 때문임을 말한다. 이와 같이 오경의 형성 과정에는 여러 가지 층으로 구성된 다양한 자료들이 함께 시간이 흐르면서 수집되고 편집되는 과정을 거쳤음을 보게 된다. 이는 오경의 편집자를 평가 절하 한다는 의미는 결코 아니며 오히려 여러 가지 다양한 전승 자료가 있다는 사실을 정직하게 보여주고 있는 것을 보게 된다.

 이스라엘의 역사나 예언자들의 설교가 언제 문서화 되었는 지 정확한 시대를 확정하기는 어렵다. 족장시대와 가나안 정복 이전에도 여러 가지 이야기와 법률들이 구전(口傳)으로 전승되어 내려왔다. 가나안 정착 후 이스라엘 백성은 안정된 정치체제로 적국을 방어해야 했던 시기에 여호수아, 기드온 등의 정복이야기가 백성들 속에 흥미롭게 구전되다가 사무엘 예언자와 사울 왕 시대의 통일국가를 거치면서 상당량의 법률 과 전승(戰勝) 이야기 등이 문서로 형성되기 시작했다. 특히 다윗 시대(1010-970년경 B.C.)에 여러 뭉치의 문서들이 수 집되었다. 특히 이 시대에는 왕궁의 기록과 공식 연감들이 수록되었고, 문서 활동이 증가하였다. 솔로몬 왕(970-931 B.C.)의 사후에 남쪽 유다 왕국 때에 고대 이스라엘의 역사 문서가 생겨났고, 이 문서는 처음부터 하나님을 여호와 (Jehovah)라는 이름으로 불렀다. 이 문서는 남 유다와 이스라엘 남 왕국에 관심을 집중하고 있는 것이 특징이다. 이러한 관점에서 서술하고 있는 이 문서를 여호와의 첫 글자를 따서 J문서라고 하며, 남쪽 유다(Judaea)를 중심지역으로 하기 때문이기도 하다.

J 문서 속에서 우리는 여호와의 단순하고 천진스러운 모습을 보게 된다. 이를테면, 여호와가 흙으로 인간을 만들고 그 콧구멍에 숨을 불어 넣는다(창2:7)든가, 남자의 갈빗대에서 여자를 만든다(2:22)는 내용, 여호와께서 노아의 방주의 문을 닫아 주신다(7:16)는 내용 등이다. 한편 북쪽 이스라엘에서 생겨난 문서로서 하나님의 이름을 엘로힘(Elohim)이라고 부르고 있다는 점에서 E문서라고 한다. E문서는 하나님께서 모세에게 여호와라는 이름을 계시하기까지 하나님을 여호와라고 부르지 않는 문서다. E문서라고 하는 까닭은 북쪽 지역의 중심 지명이 에브라임(Ephraim)이라는 점에서도 유래한다. E 문서는 창조 기사부터 시작하지 않고 아브라함의 역사부터 기록하고 있다. 요셉의 꿈, 천사, 축복, 이별 등에 관심이 많고 벧엘과 세겜 등 북쪽 이스라엘 지방들이 중심이 되고 있다. E문서는 J문서보다 약 1세기 늦은 기원전 750년경에 편집 된 것으로 추정되고 있다. 북 이스라엘이 멸망한(기원전 721) 이후 J와 E 두 문서는 유다의 어떤 편집자에 의해 하나로 편성 되었다(기원전 650년경)는 것이 오늘날 일반적인 학자

들의 평가다.

기원전 621년 유다나라의 요시아 왕이 성전에서 책을 발견한 후 대 혁명을 일으켰다(왕하 22:8-20). 성전에서 발견된 이 책이 현재의 신명기(Deuteronomy)와 대동소이 하다는 점에서 그 첫 글자를 따라 D 문서라고 부른다. 이 문서는 즉각 하나님의 말씀으로 받아 들여졌고 유다 나라의 법으로까지 삼았다(왕하 23:3). 정경 형성의 과정을 보게 되는 좋은 경우다. 이는 어떤 책을 하나님의 계시의 말씀으로 받아들일 것인가를 결정하는 과정의 최초의 예가 된다는 것이다. D문서 다음에 형성된 레위기 같은 거룩한 문서를 '거룩의 법전(Holiness Code)'이라고 하여 H 문서라고 부르기도 한다. "여호와 너의 하나님이 거룩하니 너희도 거룩하라(레19:2)"는 정신에 따라 종교의 법칙과 원리 그리고 교훈이 기원전 550년경에 하나의 문서를 이루게 되었다. 그것이 레위기 17-26장에 담겨있다.

오경의 문서 가운데 마지막 단위인 제사장 그룹의 문서가 있다. 이는 이스라엘 민족의 바벨론 포로 시대와 포로 이후 시대에 독립을 잃고 방황하였지만 제사장의 무리와 학자들은 유대 민족 고유의 종교와 문화를 간직하고 선민 역사의 의식을 고취하기 위해 종교 제도와 제 2성전의 의례와 절차를

편찬하게 되었다. 이 문서는 주로 제사장(Priest)들에 의해 작성 된 것이라 하여 P 문서라고 부른다. P 문서에는 레위기의 나머지 제사법과 오경의 나머지 역사 부분을 포함한다. 특히 P 문서는 창세기 이야기에서 안식일의 절대적 중요성과 족보의 소중함을 말해준다. 제사장에게는 계보의 성결(聖潔)이 중요하기 때문이다. 학자들은 이 문서가 에스라 시대에 완성되었고 학사 에스라가 기원전 444년에 이스라엘 백성들에게 읽어준 것이 이 문서라고 말한다(느헤미아 8장).

그 후 약 100년 동안 하나님의 인도와 영감 속에서 오경은 오늘날의 형태로 완성을 보게 되었다. 기원전 285년-246년에 애굽 왕으로 있던 필아델퍼스(톨레미 2세)의 후원으로 히브리 경전인 구약성서가 헬라어로 번역되게 되었고, 이 때 다른 구약성서들도 있었지만 오경만이 완역 되었다. 그런 점에서 기원전 250년경에는 오경이 경전으로 수락되어 있었음을 말해준다.

(2) 예언서

히브리 성서의 전통은 여호수아서, 사사기, 사무엘서, 열왕기를 히브리 정경의 두 번째 부분에 포함시키고 이를 "예언서들"로 호칭하였다. 이를 다시 전기(前期) 예언서라고도 하며 보통 역사서라고 부르기도 한다. 예언서라고 하면 예언(豫言)이라는 문자의 이미지에 따라 장래의 일을 미리 알리는 내용의 글로 판단하기 쉬우나, 예언자라고 번역되는 **히브리어의 '나비'는 그러한 시간적 개념을 지닌 것이 아니다. 하나님의 영감을 받아 하나님의 말씀을 대변하는 자라는 뜻이 강하다.** 그러므로 예언자의 말은 과거 현재 미래에 관한 그 어느 것이라도 하나님의 영감을 받아 전해지는 언어라고 볼 수 있다. 전기 예언서는 여호수아가 요단강을 건너 가나안을 점령하는 이야기에서부터 이스라엘 민족이 바벨론에 포로로 잡혀갔던 사건까지를 엮은 역사가 기록되어 있다. 이러한 역사서를 "예언서"라고 부르는 이유는 하나님의 사람 '나비'들이 신앙의 관점에서 역사를 관찰하고 해석해 주는 책들이기 때문이다. 다시 말해서 이 네 권의 역사서들은 그 역사적 내용이 무엇이든지 간에 역사 그 자체(per se)로 기록되는 것이 아니라, 이스라엘의 역사에서 예언적 말씀이 이루어진 것을 증언하는데 기록의 목적이 있었기 때문이다.

전기 예언서의 두드러진 특징 가운데 하나는 그 속에 보존된 자료들이 매우 주의 깊게 선별 되었다고 하는 점이다. 이를테면 오므라 왕조에 대한 서술은 왕상 16장에 매우 간략하게 제시되어 있는 반면에, 사무엘 상 7장 이후에 나타나는 왕국의 출현 과정은 매우 자세하게 기록되고 있다. 이것은 이스라엘의 역사 가운데 특별히 중요한 시기나 사건 등을 신학적 의의에 따라 선별적으로 수록하고 있다는 뜻이다. 그리고 이 사건에 대한 선정보다 더 중요한 것은 서술 방식에 있다. 예컨대, 여호수아서는 하나님의 명령에 복종한 이스라엘백성들이 하나님의 약속의 성취로서 약속된 땅을 점령한 과정을 서술한 데 대해(여21:43), 사사기는 이스라엘 백성이 가나안 족속을 완전히 몰아 내지 못한 점은 이스라엘이 하나님께 불복종한 결과라고 진술함으로써 여호수아서와는 다른 관점을 보이고 있다. 요약해서 말하자면, 전기 예언서들은 과거를 단순히 설명하기 위해서 편집된 것이 아니라, 과거로부터 미래에 대한 교훈을 얻게 될 이스라엘의 새 세대들에게 성서로서 권위 있는 역할을 수행하도록 편집된 것이다. 신명기 29장 29절의 기록은 정경의 가치에 대해 이를 잘 설명해 준다. "오묘한 일은 우리 하나님 여호와께 속하였거니와 나타난 일은 영구히 우리와 우리 자손에게 속하였나니 이는 우리로 이 율법의 모든 말씀을 행하게 하심이니라."

후기 예언서는 이사야, 예레미야, 에스겔, 12 소예언서들이다. 예언서들의 수집과 정리 및 배열에 작용한 요인들은 여러 가지가 있을 수 있지만 정확한 요인은 아직 알려져 있지 않다. 연대기적 순서도 성서의 배열에 중요한 영향을 끼쳤으리라는 짐작을 할 수 있고, 책들의 제목이나 두루마리의 길이와 같은 외형적 요소도 배열 순서에 영향을 미쳤을 수 있다. 희랍어 구약성서들의 순서는 히브리어 구약성서의 순서와 크게 차이가 있다. 소예언서들이 다른 순서로 배열되어 있는 점이다. 후기의 라틴어 구약성서는 심지어 전기 예언서들과 후기 예언서들의 순서까지도 바꾸었다. 하지만 후기 예언서에서 예언서들이 가지는 순서는 결코 중요하지 않다. 이점에서 모세오경의 순서와 같은 비중의 중요성을 지니는 것은 아니다. 정경화의 과정에서 알 수 있는 것은 정경 내에서 토라(Torah)와 대조되는 통일된 문헌으로서의 예언적 수집물이라는 새로운 실체가 형성되었음을 보게 된 점이다.

(3) 성문서

구약 성서의 세 번째 부분인 성문서(聖文書)는 히브리어로 케투빔(Kethubim)이라하고 헬라어로는 하기오 그라파(Hagiographa, 거룩한 글)라고 한다. 이 성문서는 성격이 다른 여러 책들이 모여 이루어진 것으로 율법이나 예언서처럼 통일성을 지닌 것은 아니다. 어떤 면에서 성문서는 구약에서 이차적인 성격의 것으로 간주되기도 했는데, 이는 보통 구약성서를 '율법과 예언자'라는 말로 통용했던 데서도 드러난다. 예수께서 "내가 율법이나 예언자들을 폐하러 온 줄로 생각하지 말라(마5:17)"고 했던 대목에서도 알 수 있다. 그렇다면 성문서에 속하는 11권이 어떻게 성서에 편입되었는가? 성문서의 중요한 책들은 보통 찬송집, 지혜문학, 역대기, 그리고 묵시문학과 같은 큰 제목들로 연구되어져 왔다. 시편이나 묵시문학과 같은 자료들은 독자적인 전승을 따라 발전해 왔지만, 아가서(雅歌書), 룻기, 에스더와 같은 책들은 분류하기가 어려운 책으로서 종종 히브리 시가나 민담 같은 범주에 들어가기도 했다. 시대적으로 볼 때 시편이나 잠언과 같은 오래된 전승이 있는가하면 일부는 후기의 자료도 포함하고 있다. 무엇보다 성문서의 중요한 위치와 신학적 의의는 이 자료가 율법과 예언서를 보충하여 주었고, 유대교를 위해 중요한 정경적 역할을 수행해 왔다는 점이다

(2) 내용과 구성

구약성서는 하나님의 백성 이스라엘 민족의 역사에 관한 기록이지만 단순히 특정 민족의 역사라기보다는 이스라엘을 통한 **하나님의 보편적 구원 행동과 이 세상에 개입하시는 그 분의 역사하심을 증언하는 기록이다.** 그렇기 때문에 그리스도인들은 신앙의 눈으로 구약성서를 읽으면서 이스라엘의 역사 가운데 임재하시는 하나님을 발견하게 된다.

우리는 구약성서의 이야기 중에서 천지창조와 에덴동산, 첫 인간 아담과 이브의 이야기, 노아의 홍수, 모세의 이야기와 출애굽 사건, 십계명을 통한 하나님과 이스라엘 백성의 약속 등을 떠올리곤 한다. 이 이야기들은 오래전부터 문학과 음악,

영화를 비롯한 예술의 중요한 소재였다. 이렇듯 무수히 많은 성서의 이야기들은 인간 정신계에 풍부한 젖줄을 제공해 주었으며 인간의 창조적 상상력에 날개를 달아준 예술의 원천이기도 하다.

그러나 본질적으로 구약성서 이야기들은 이스라엘의 구원과 해방을 통해 이 세상에 관여하시는 하나님의 섭리와 그 분의 구체적인 역사적 행위이다. 구약성서는 지금으로부터 약 3,000년 전부터 씌어진, 아주 오래된 책으로서 그곳에서 나타난 이스라엘의 역사는 모세의 이집트 탈출(출애굽)과 다윗 왕조의 역사로부터 시작된다.

이스라엘 사람들이 왕국을 형성한 것은 기원전 1,000년경인데 그것이 바로 다윗 왕조이다. 처음에 이스라엘 사람들은 정착지 없이 이리저리 떠돌았으며 그 와중에 수없이 이민족의 침입을 받았다. 유목민인 이스라엘 민족은 군대도, 그들을 통치할 왕도 없었기에 그들이 당하는 고통은 더욱 클 수밖에 없었다. 왕과 군대, 국가 조직을 갖춤으로써 이스라엘은 이민족의 침입을 막을 수 있었고 서서히 역사를 보존하고 기억해야 한다는 인식을 갖게 되었다.

이러한 역사를 기억하는 노력을 통해 이들은 근원적인 역사를 생각하면서 아브라함, 이삭, 야곱 그리고 이집트 탈출(출애굽)을 떠올렸다. 고대 이스라엘 역사에서 가장 극적인 출애굽 사건의 기억은 이렇듯 민족 공동체로서의 이스라엘의 정체성을 복원하려는 역사적 고민의 결과였다.

이 과정에서 이스라엘은 오로지 여호와 하나님의 역사적인 개입을 통해서만이 그러한 해방의 역사가 완성되었음을 깨닫게 되었던 것이다. 그래서 이스라엘은 하나님과 자신에 대한 역사를 회고하면서 구전(口傳)으로 전해진 사건들을 모아 적기 시작하였다. 이것이 구약성서가 기록된 배경이었다.

구약성서는 율법서(오경), 예언서, 성문서로 이루어져 있다. 구약성서만을 경전으로 인정하는 유대교에서는 "구약"을 앞서 언급한 "오래된 계약"이라는 의미에 동의하지 않기 때문에, "타나크(TANACH)"라고 부르는데, 이 말은 "율법서", "예언서", "성문서"를 의미하는 "토라(Torah)", "나비임(Nabi'im)" "케투빔(Chethubim)"의 머리글자를 합친 것이다.

율법서 혹은 모세오경이라고 부르는 책들은 구약성서의 맨 앞에 나오는 다섯 권인 〈창세기〉, 〈출애굽기〉, 〈레위기〉, 〈민수기〉, 〈신명기〉를 말하는데, 우리가 "탈무드"와 함께 유대인과 관련해 잘 알고 있는 히브리어 "토라"가 바로 이 율법서를 일컫는 말이다. 이 책들은 모두 모세라는 한 인물을 통해 이스라엘 백성에서 전하는 하나님의 말씀으로 이해할 수 있을 것이다.

〈창세기〉에는 우리에게 너무 친숙한 천지창조, 아담과 하와, 카인과 아벨, 노아, 바벨탑에 대한 이야기에서 이스라엘 민족의 조상인 열 두 족장의 이야기가 기술되어 있다. 〈창세기〉에서 전하는 하나님 말씀의 본질은 인간의 죄와 하나님의 징벌, 그럼에도 불구하고 인간에게 베풀어주시는 하나님의 은총 행위이다. 따라서 그 이후 전개될 이스라엘의 역사 이야기도 하나님의 은총과 구원 행동이라는 큰 흐름과 맞물려 있다.

〈출애굽기〉에서 〈신명기〉까지는 모세의 출생에서부터 죽기까지 시나이 산과 그 밖의 지역에서 하나님이 모세를 통해 주신 율법으로 엮어져 있다. 따라서 이 다섯 권을 〈모세오경〉 또는 〈모세의 율법〉이라 하며 기원전 400년 무렵 유대교의 경전이 되었다.

〈출애굽기〉 14장에 기록된, 지도자 모세에 의한 이스라엘 백성의 이집트 탈출 이야기는 가장 극적이고 드라마틱한 감동을 전해주는 구약성서의 이야기 가운데 하나이다. 출구도, 한 줄기 빛도 보이지 않는 것 같은 절망적 상황 속에서도 희망의 빛으로 인도하시는 하나님, 구원의 등불을 비춰주시는 하나님은 그 후 이스라엘 민족에게 영속하신 구원의 행동자로서의 하나님을 표상하게 한다.

이집트에서 탈출한 후 하나님은 이스라엘 민족을 향해 더욱 구체적으로 말씀하시고 역사 속에 개입하시는데 그것이 바로

'십계명'을 통해 이스라엘과 맺으신 언약과 약속의 관계이다.

 예언서는 기원전 300년 무렵에 완성된 것으로, 말 그대로 구약 시대 예언자들의 말씀을 기록한 책이며 '예언자 혹은 선지자'로 불리는 이들의 이름을 제목으로 삼은 책이다. 예언서는 이른바 역사서라고 부르기도 하는 전기 예언서와 후기 예언서로 나누어지는데 〈여호수와서〉, 〈사사기〉, 〈사무엘 상하〉,〈열왕기 상하〉가 이에 속한다. 후기 예언서로는 〈이사야 〉, 〈 예레미야 〉, 〈 에스겔 〉, 〈아모스〉, 〈미가서〉 등이다.
 이 예언자들은 이스라엘에서 하나님의 말씀을 받아 민중들에게 전하는 지도자로서 모세와 사무엘 등이다. 이 예언서에는 출애굽 이후 가나안에 정착한 이야기에서부터 시작하여 이스라엘 왕국의 전(全) 역사가 기록되어 있다.

 구약성서가 이스라엘 역사서로의 가치를 갖고 있는 것은 바로 이 예언서들의 내용에 근간을 둔 것이다. 그런데 이 예언서의 밑바탕에 깔려 있는 역사의식은 하나님으로부터 선택받은 이스라엘 백성이 하나님의 뜻에 얼마나 합당했는지가 기준이었다.
 전기 예언서(역사서)의 첫 책인〈 여호수아 〉는 모세의 후계자였던 여호수아의 인도로 가나안 땅에 들어가 열 두 종족에게 땅을 분배하면서 그곳에서 생활을 시작하는 이야기이다. 왕정(王政) 체제 이전의 이야기인 〈사사기〉를 지나 〈사무엘 상하〉에 이르면 열 두 종족의 지도자 사무엘에 의해 왕정 체제가 탄생한 왕조의 생성사(生成史)로 최초의 이스라엘 왕이 된 사울과 다윗에 관한 이야기가 서술되어 있다.

〈사무엘서〉에서 가장 눈에 띄는 인물은 단연 다윗 왕이다. 이스라엘 역사상 가장 위대한 제왕으로 평가받는 다윗은 중앙 집권적 왕권 체제를 강화하고 강력한 세습 왕조 체제를 구축함으로써 왕국 이스라엘의 기반을 닦은 사람이었다.

〈열왕기〉는 다윗의 아들 솔로몬 이후 역대 이스라엘 민족을 통치한 왕들의 기록이다. 솔로몬 시대 이후는 왕실 기록 문서실이 설치되었기 때문에 기록의 역사적 신빙성이 높은 것으로 평가된다. 역사서로서 이 전기 예언서에는 물론 앞서 말한, 구약성서의 저변에 흐르는 역사의식이 깔려있고 이는 후기 예언서에도 면면히 이어지고 있다.

예컨대 예언자 가운데 한 사람인 아모스는 기원전 760년 무렵에 등장한 사람으로, 이스라엘과 유대 사회의 혼란을 예리하게 비판하고 하나님의 뜻을 거역한 데 대한 징벌을 경고하였다. 아모스는 하나님은 의로우신 분이기 때문에 백성도 의로운 백성이 되어야 하며, 하나님의 정의와 공의를 세상에 세워야 한다고 가르쳤다. 하나님의 백성에게 불의와 정의, 불법과 공법이 기준이 무엇인지 아모스는 분명하고도 단호하게 말하고 있다.

이와 같이 신앙에 명확한 윤리적 성격과 지침을 부여한 사람들은 아모스를 비롯한 호세아, 미가, 이사야, 스바냐, 예레미야 등 바빌론 포로기 이전의 선지자들이었다. 이사야의 예언은 위로와 격려의 예언이며 백성들이 의로운 생활을 해야만 여호와께서 구원하실 것이라고 위로하고 경고하였다. 포로 시대 이후의 선지자인 학개, 스가랴, 말라기는 포로기 이후의 신생 유대 사회에 만연된 사회악을 비판하면서도 예루살렘의 부흥을 격려하였다.

예언서 이후부터 나머지 책들은 모두 〈 성문서 〉로 분류된다. 성문서에 포함되어 있는 책들로는 〈시편〉를 비롯하여 〈잠언〉, 〈욥기〉, 〈전도서〉, 〈룻기〉, 〈아가서〉, 〈애가〉, 〈에스더〉, 〈전도서〉, 〈다니엘〉 등이 있다. 이 책들은 포로기 이후에 씌어진 것으로서 유대교의 정경으로 된 것은 기원 후부터였다.

구약성서의 이 분류는 기원전 3세기 알렉산드리아에서 히브리어 성서가 그리스어로 번역되었을 때의 순서에 유래하는데 이 번역에 72명의 학자들이 참여했기에 "70인 역 성서"라고 부른다. 여기에는 앞서 언급했듯이 정경에서 제외된 구약성서의 외경과 위경도 포함되어 있다.

2. 신약성서

1) 신약성서의 형성 과정

초대 그리스도교회는 신약성서를 가지지 않았고, 구약의 성서를 경전으로 지니고 있었을 뿐이었다. 신약성서는 하나님이 보내신 예수 그리스도 곧 "아드님을 통하여(히브리서 1:2)" 말씀하신 것에 기초하여 이루어졌다. 구약의 예언에 따라 나타난 메시아가 33년의 생애를 통해 드러난 모든 활동이 곧 하나님의 말씀이자 복음이었다. 구약성서의 율법이 이제는 복음으로 나타나고 대체된 것이다. **이른바 토라에서 복음으로의 전이(轉移)다.** 1세기 때만해도 초대 교회 그리스도인들은 구약성서의 정경을 가지고 있었으므로 또 다른 성서의 필요성을 느끼지 않았을 것이나, 그리스도와의 새로운 관계 속에서 그리스도의 사건은 생생한 새로운 역사로 다가왔다. 그리스도의 말씀을 듣고 그 말씀에 감격하며 기뻐한 그들은 그것으로 충분할 수 있었지만, 예수의 십자가 처형과 죽음 그리고 부활 승천의 사건들은 새로운 시대의 증언이 필요하기에 이르렀다.

십자가와 부활의 사건은 예수 안에 나타난 하나님의 활동과 계시라는 측면에서 사도들의 새로운 해석이 필요하게 되었다. 사도들의 해석과 증언이 성서 속으로 편입되어 들어오기 전에 일정 기간동안 초대 그리스도인들의 구두 증언과 사색의 시기가 얼마동안 있을 수밖에 없었다. 더구나 예수는 누구이며 왜 태어났으며 그가 행한 기적의 의미가 무엇인가 하는 의문점에 대해 통일적인 답변을 해 주어야 했던 해석의 기간이 필요했음을 짐작 할 수 있다. 예수 사후에 즉시 신약 성경이 만들어지지 않았던 이유 중의 하나는 당시에 임박한 종말적 의식이 팽배해 있었던 것도 하나의 이유가 된다. 초대교회의 오순절 성령강림 같은 사건은 더욱더 종말적 분위기를 고조 시키는 계기가 되었다. 이는 구약 예언의 성취이기도 하기 때문이다. "말일에 내가 내 신을 남종과 여종에게 부어 주리라 (욜2:28-32)."

그러나 생각했던 종말이 점차 지연됨으로써 예수의 사역과 활동을 증언 했던 자들도 점차 역사의 무대에서 세월과 함께 사라지게 되었다. 기원 후 70년경에는 사도 요한을 제외한 모든 사도가 죽게 되었고 그들의 생생한 증언도 더 들을 수 없게 되었다. 구전 시대가 끝나 가면서 사도들이 살아서 직접 증언하던 것을 이제는 글로써 문서로 증거 하기에 이른 것이다. 교회사가 유세비우스의 증언에 따르면, 마태는 히브리인 들에게 전도하다가 그들을 떠나 다른 곳에 복음을 전하기 위해 이 복음서를 남겼고, 베드로의 제자이며 통역 자였던 마가는 베드로와 바울이 죽은 후에 베드로가 설교한 것을 우리에게 주었다고 말한다. 바울의 추종자였던 누가도 바울이 설교하던 복음을 책에 기록하였다. 제롬의 진술에 의하면 요한은 그가 죽기 얼마 전에 다행히 급하게 서둘러 그의 복음서를 완료하였다고 한다.

 복음서에서 가장 먼저 기록되었다는 마가복음이 로마에서 기록 되었다는 것을 생각해 보면 당시에 얼마나 빨리 복음이 그리스와 로마세계로 전달 되어갔는지를 짐작하게 한다. 복음서나 서신들을 기록하게 된 동기는 여러 가지다. 그리스도교가 소아시아와 유럽으로 전파되어 갈 때, 땅 끝 까지 전파하려는 전도자들은 한 곳에 오래 머물 수 없었다. 교회가 독립할 정도가 되면 다른 곳으로 이동해야 했고, 혹은 박해로 인해 다른 곳으로 피해 가야 했다. 이럴 경우에 이들은 복음이나 메시지를 글로써 기록하여 남길 수밖에 없었던 것이다. 이른바 문서 선교의 과정은 피할 수 없는 것이었다. 왕성하게 자라난 초대 교회에는 교회 내부에 복음을 왜곡하는 이단의 문제도 발생했다. 사사로운 계시나 자기만의 복음을 외치는 자들이 있었다. 이른바 거짓 예언자들이 있었다. 이에 따라 공적인 판단을 위한 복음의 문서가 더욱 필요했다.

 마태는 예수를 증거하기위한 호교(護敎)적이고 변증적 목적으로 복음을 기록했다. "주께서 예언자를 통하여 하신 말씀을 이루려 한 것이다"는 말은 구약성서를 믿는 유대인에게 예수를 증거 할 목적으로 기록한 것임을 알 수 있다. 또한 예수가 로마 정부의 박해를 받고 고난을 당했으나 예수는 죄가 없는 선한 자였으며, 정부에 대항하여 폭동을 꿈꾼 자가 아니었고, 어떠한 박해에도 사랑의 원리로 극복 할 수 있음과 더불어 믿음과 인내로 고난을 극복 할 수 있는 모범을 보여주기 위해서도 문서 기록의 필요성을 느꼈을 것이다. 한편 요한복음은 교양 있는 헬라인을 상대로 한 복음서로서 로고스와 같은 철학적 개념을 사용하여 그들에게 효과적으로 복음을 전하기도 했다. 그러나 무엇보다도 예수의 고귀한 말씀과 행적을 더 이상 구전 전승으로만 전달 할 수 없는 기억의 한계에 이르기 전에 문서로 기록하여 전달해야 했던 것이 가장 큰 기록의 이유가 될 것이다. 신약은 새로운 계약을 의미한다. 예수의 말씀과 행적은 구약의 권위를 대신하는 새로운 계명이다. 예수의 생애와 복음을 담은 복음서 외에는 바울의 편지와 행적을 담은 문서가 많이 수록되어 있다. 그 문서들에는 교회 생활에서의 바람직한 지침들이 언급되고 있다. 이 모든 과정이 신약 성서를 형성해 가는 과정이 되었다.

2) 내용과 구성

구약성서가 이스라엘 민족의 구원 역사 속에서 하나님의 나타나심을 증거한 책이라면, 신약성서는 하나님께서 자신의 아들 예수 그리스도를 통해 계시하심을 증거 하는 책이다. 이러한 맥락에서 그리스도교에서는 신약성서를 구약성서에 나타난 하나님의 약속이 성취된 것으로 이해하고 있다.

신약성서는 인간의 몸을 입고 이 땅에 오신 예수 그리스도의 생애와 교훈 그리고 그의 죽음과 부활을 통해 예수를 믿는 사람들과 하나님 사이에 맺은 새 계약이다. 우리는 구약성서를 통해 하나님께서 역사적 사건과 인간들과 맺으신 약속을 통해, 역사 안에서 자신을 드러내셨음을 배웠다.

신약 시대 초대 교회 신자들은 구약성서에 나타난 것과 같은 하나님의 역사하심이 예수 그리스도의 십자가 사건과 부활 사건을 통해 구체화된 것으로 이해하였다. 신약성서의 기본 사상은 예수 그리스도를 통한 하나님의 이해이다. 그렇기 때문에 신약성서는 구약성서와의 유기적 관계의 토대 위에 있다고 말할 수 있다.

아울러 인간에게 향하신 하나님의 사랑은 구약성서와 신약 성서에 공히 나타나 있다. 구약성서에 나타난 대로 인간의 죄악에 대해 분노하시면서 무한한 은총과 사랑을 베푸신 하나님께서, 신약성서에서는 "세상을 이처럼 사랑하사 독생자를 주셨으니 이는 저를 믿는 자마다 멸망치 않고 영생을 얻게 하려"(요한복음 3:16) 하신 동일한 하나님으로 표상되어 있다. 그리고 그러한 사랑과 관계 회복을 나타내는 구체적인 행동이 예수 그리스도의 임재인 것이다. 그렇기 때문에 신약성서가 기록된 목적은 하나님께서 예수 그리스도와 초대 교회를 통해 이루신 구체적 행동에 대한 신앙을 증거하고 전하는 것이다.

신약성서는 이 땅에 인간의 몸을 입고 오신 하나님이신 예수 그리스도에 관한 복된 소식, 즉 복음(福音, Gospel)이기도 하다. 복음서는 예수 그리스도에 관한 복된 소식을 가장 축약하여 전한 책으로 예수 그리스도의 생애와 교훈을 선별하여 기록하고 있다.

신약성서는 맨 앞에 배열된 이 복음서 4권을 포함하여 모두 27권으로 구성되어 있다. 복음서 이외에 초대 교회의 역사를 기록한 〈사도행전〉과 그 시대의 여러 교회와 그리스도인들에게 가르침과 권면, 교훈을 주는 편지(서신)들이 있다. 이 편지들 가운데 13권은 바울이 쓴 것이다. 신약성서에서 바울이 차지하는 비중이 매우 중요함을 알 수 있다. 그밖에 묵시적인 내용의 글이 담긴 〈요한 계시록〉이 신약성서의 맨 끝에 배치되어 있다.

이렇듯 신약성서는 예수의 생애와 교훈을 전하는 복음서들이 맨 먼저 나오고, 그 다음에 그리스도교 신앙을 전파하면서 예수의 제자들이 행한 일을 다룬 사도행전, 신앙이 무엇인지 규정하면서 그 의미들에 대해 가르친 여러 서신과 편지들, 그리고 미래에 일어날 사건과 하느님이 최종적으로 계획하신 바를 예언한 요한의 계시록 등의 순서로 어우러져 있다.

복음서는 〈마태복음〉, 〈마가복음〉, 〈누가복음〉, 〈요한복음〉로 이루어져 있다. 이 복음서 가운데 앞의 세 권을 흔히 공관복음서(共觀福音書)라 한다. 공관복음서는 예수 그리스도의 삶과 그분이 가르치신 교훈에 대해 같은 견해를 갖고, 같은 관점에서 기록된 복음서이기에 그렇게 부른 것이다.
공관복음서를 비롯한 네 복음서에는 예수의 생애와 활동에 관해 가장 많이 기록되어 있다. 그러나 이 복음서들은 단순한 전기문이나 역사서가 아니라, 읽는 이로 하여금 예수 신앙의 본질을 전하려는 분명한 의도를 갖고 씌어진 것이다. 이 복음서들은 예수 그리스도께서 활동하시기 전에는 정작 기록되지 않았다.

복음서가 씌어진 것은 예수께서 돌아가신 지 적어도 30-40년 이후의 시기로, 그 동안 사람들의 입에서 입으로 전해져 내려온 내용들을 집약하고, 예수에 대한 기억을 일깨운 일종의 영감된 기록이다. 이렇듯 예수의 말씀과 교훈 그리고 그 분이 행하신 일들은 처음엔 기억을 통해 보존되어 구전된 후 나중에 문서화된 것이다. 복음서에 기록된 예수에 관한 전승은 처음엔 구체화되지 못하다가 초대 교회의 선교 과정에서 구체화, 체계화되었다. 그러므로 복음서들은 각각 그리스도이신 예수를 사람들에게 전하고 알리려는 선교 목적을 갖고 있었다.

 학자들은 복음서가 형성되기까지의 과정을 예수 그리스도의 생애, 복음이 전하는 구전 시대의 상황, 예수께서 부활하시고 신약성서가 나타나기 이전, 그리고 마지막으로 복음서를 쓴 기록자들이 살았던 상황으로 구분하고 있다.
 이 복음서를 관통하는 주제는 구약성서를 통해 약속하신 메시야가 다윗의 후손, 예수 그리스도이시며, 예언의 기록대로 그리스도께서 십자가에 달려 돌아가셨으나 죽은 자 가운데 부활하셨고, 그 분을 통해 하나님의 인간 구원 역사(役事)가 완성된다는 것이다. 복음서의 이 주제가 바로 초대 교회 이후 지금까지 그리스도 교회가 이 세상에 선포하는 말씀의 핵심을 이루고 있는 것이다.

 〈사도행전〉은 초대 교회가 확장되어 간 과정에 대해 기록하고 그리스도교가 형성되기 시작한 기원 및 그리스도교 사상이 체계화된 흐름을 서술한 중요한 책이다. 즉 〈사도행전〉은 유대교를 토대로 시작된 그리스도교 교회를, 구체적인 신앙을 바탕으로 사상적으로 체계화한 것이다. 이는 〈사도행전〉이 단순히 초대 교회의 형성사에 관한 기술만 그치지 않고 여러 목적과 의도 하에 씌어졌음을 알게 한다. 〈사도행전〉의 서술 목적은 곧 당시의 정치, 종교 상황에서 그리스도교의 독자성과 정체성을 보존하고 복음을 확대하여 전파하며 초대 교회에 나타난 성령의 역사하심을 증거 하는 것으로 요약된다.

바울이 쓴 편지들, 즉 바울 서신은 13권이 전해지는데, 〈로마서〉, 〈고린도 전후〉, 〈갈라디아서〉를 중심으로, 초기에 쓴 〈데살로니가 전후〉와 바울 자신이 옥에 갇혀 있을 때 기록한, 이른바 "옥중서신"으로 분류되는 〈에베소서〉, 〈골로새서〉, 〈빌립보서〉, 〈빌레몬서〉 등이 있다. 또한 "목회서신"으로 분류되는 〈디모데 전후〉와 〈디도서〉가 바울 서신에 포함된다. 풍부한 지식과 학문적 깊이를 갖고 있던 바울은 이 서신을 통해 복음이 무엇이며 그리스도인들이 당면한 현안에 대해 논리적이고 체계적인 답변을 제시하고 있다. 이 내용들은 신학적인 오류와 이단에 대한 문제들, 교회 내부의 분열과 갈등, 신앙인의 유혹과 시험 등 오늘날에도 교회가 도전받는 문제들을 권면과 교훈, 가르침의 형식으로 전해주고 있다. 또한 예수 그리스도와 십자가의 진리가 바울 서신의 핵심을 이루고 있는데 예수 그리스도가 성경의 중심이요, 하나님의 창조 섭리와 역사하심에 중심이 되는 분임을 증거 하는 바울 신앙의 핵심이 이 서신에 내재되어 있다.

　성서 가운데 가장 해석하기 까다롭고 어려운 책이라고 알려진 〈요한 계시록〉은 이른바 묵시문학(Apocalyptism)의 전형이다. 묵시문학은 신구약 중간 시대에 활발하게 씌어진 문서로서 환상, 상징, 상상력이 가미된 글인데, 악(惡)의 세력의 끈질긴 도전 속에서도 궁극적으로 정의가 승리한다는 내용을 주로 담고 있다.

　이러한 묵시문학의 전형으로 불가사의한 상징, 환상, 예언 형식의 글로 채워진 〈요한 계시록〉은 그 의미를 올바로 해석하기가 어려운 책이다. 요한이라는 저자가 누구인지 논란이 분분한 책인 이 〈요한 계시록〉은 3막의 위대한 환상으로 구성되어 있는데 "운명의 두루마리", "용의 전쟁", "새 예루살렘"이 그것이다.

　분명한 것은 이 계시록이 전하고자 하는 내용들은 인간의 어떠한 뜻도 하나님께서 규정하신 역사의 흐름을 거스를 수 없으며 인간 역사는 하나님의 섭리 가운데 있다는 사실이며 하나님의 나라와 정의가 최후의 승리를 얻을 것임을 알려주려는 것이다.

제 **9** 장

교회란 무엇인가?

1. 교회의 기원과 본질

교회는 예수 그리스도의 죽음과 부활이라는 기적적인 사건을 통해 하나님의 살아계심을 체험하고 믿는 사람들이 모인 공동체라 할 수 있다. 즉 교회의 기원은 예수 그리스도께서 세상에 오신 후 그의 제자 베드로를 통해, 오순절에 모였던 제자들을 통해 구현된 것이다.

초대 교회의 지도자들은 교회를 "살아계신 하나님의 교회요 진리의 터"(디모데전서 3: 15)라고 가르쳤다. 그러나 이 공동체는 신적인 성격을 갖고 있지만 또한 가장 구체적인 이 세상과 현실 속에서의 모임이라 할 수 있다. 이것은 하나님을 생명의 근원으로, 예수를 그리스도로 고백하는 사람들이 이 세상에서 결속하는 모임이 곧 교회를 의미함을 일컫는다.

교회라는 말의 어원이자 처음 이름은 "에클레시아"(Eklesia)이다. 하나님으로부터 '선택 받은 자들의 모임'이라는 뜻이기도 한 이 '에클레시아'는, 단지 선택받은 선민(選民)들만의 공동체라기보다는 하나님의 뜻과 의를 이 땅에 전파하는 사람들의 모임을 말하는 것으로 이해해야 할 것이다.

이 "에클레시아"라는 말은 복음서 중에서 특히 〈마태복음〉에서만 사용되는 용어인데 〈마태복음〉에서 말하는 교회는 율법을 지키고 이스라엘 민족에 뿌리를 둔 공동체가 아니라 예수가 곧 그리스도임을 고백하는 신앙의 토대 위에 세워진 것으로 이해한 것이다. 복음서마다 교회의 기원과 정의에 대한 설명에서 약간씩 차이가 있지만 본질적으로 동일한 점은 "예수를 그리스도로 고백하고 따르는 자들의 모임"이라는 점이다.

누가는 예수의 삶과 죽음의 증인으로서의 교회의 정체성을 강조하면서 예수를 그리스도로 고백하는 구별된 공동체로서의 성도의 모습을 제시한다. 즉 "날마다 십자가를 지고 주님의 뒤를 따르도록 부름을 받은"(누가복음 9:23) 성도의 모임체가 그것이다.

〈요한복음〉의 저자인 요한에게도 교회는 철저히 그리스도를 중심으로 한 공동체인데 "목자와 양", "포도나무와 가지" 비유는 구약성서에서 이스라엘을 상징했지만, 〈요한복음〉에서는 곧 그리스도와 그 분을 믿는 성도를 일컫는다.

　초대 교회 형성기 때 교회의 모습과 그 본질이 어떠했는지에 대해서는 특히 바울 서신들을 통해 명료하게 읽을 수 있다. 바울 서신에서는 "에클레시아"가 수십 번이나 언급된다. 바울에게 "에클레시아"의 의미는 더욱 구체적이고 분명하게 나타나 있다. 즉 예배와 신앙의 가르침을 위해 함께 모인 그리스도인들의 모임으로서 예수 그리스도에게 예배하는 주님의 이름으로 모인 백성들을 말하는 것이다. 바울은 이러한 사람들의 모임인 교회에 대해 "이제 교회로 말미암아 하늘에서 정사와 권세들에게 하나님의 각종 지혜를 알게 하심이니라"(에베소서 3: 10)라고 말하면서 교회가 구원의 진리를 전파하기 위한 하나님 자신의 공동체이며, 하나님의 지혜는 교회를 통해 드러나며, 그 분의 영광은 교회 안에서 나타남을 강조했다.
　이렇듯 교회는 그리스도의 부활 신앙을 토대로 삼고 있으며 사람들이 십자가에서 달려 돌아가신 그리스도의 부활을 믿으면서 한데 모여 하나님 나라의 완성과 부활하신 그 분을 고대하게 된 이후부터 교회는 본질적으로 그 존재 의의를 가진다.

　교회의 본질은 이처럼 "그리스도의 공동체"이며, 이를 토대로 교회는 예수 그리스도를 통해 하나님께서 역사하시는 세계 속에서 선교와 증언을 위해 다시 이 땅 위에 보내심을 받은

"선교 공동체"로서의 역할도 함께 갖고 있다. 이러한 선교 공동체로서의 교회는 구원의 대상이 교회 안에만 있다는 신앙적 교만을 부정하며, 교회와 이 세상 전체를 향해 하나님의 구원 사역을 여는 사명을 갖고 있다.

교회의 본질과 기본적 사명에 대해 로마 가톨릭 교회는 세상 속에서 세상을 변화시키는 교회의 역할에 대해 강조하고 있다. 로마 가톨릭 교회에 의하면, 교회는 은혜의 창고인데 세계가 이 은혜를 받고 교회에 의해 변화될 수 있는 것은 오로지 교회와 연결되어 성례를 받음으로써 가능하다는 것이다.

한편으로 개신교에서는 교회가 복음과 구원의 소식을 갖고 있으며, 그리스도로부터 단절된 세상이 구원을 받아 그리스도와 재결합할 수 있는 것은 오직 그 복음을 통해 의롭다 하심을 얻음으로써 가능하다는 것이다. 이는 십자가와 부활 사건을 통해 약속된 하나님의 구원 사역은 말씀의 선포와 가르침을 통한 신앙적 체험으로 표출된다는 고백이기도 하다.

특히 종교 개혁자 칼빈은 이러한 관점에서 "말씀과 교회의 관계"에 초점을 맞추고 있다. 그렇기에 칼빈의 교회론에서는 "말씀"이 절대적으로 중요하게 부각된다. 칼빈의 교회론에서는 루터와 같이 성도의 교제에 대해 말하고 있다. 『기독교 강요』에서 그는 "성도들은 하나님께서 주시는 은혜는 무엇이든 서로 나눈다는 원칙하에 그리스도의 공동체에 소집되었다"
고 말하고 있는데, 진정한 교회란 "모든 경건한 자의 어머니인
교회와 연합해 있어야 한다"(『기독교 강요』 4권 1장)고 말하
면서 교회가 성도의 모체이며 이는 하나님께서 복음 전파를
풍성케 하시기 위해 교회 내에 복음의 보화를 두셨기 때문이
라고 설명한다. 어머니로서의 교회와 아버지로서의 하나님께
서 우리를 양육함으로써 신앙의 성년으로 인도하신다는 것이
다. 이는 우리가 비록 그리스도의 몸에서 탄생했지만 너무
연약한 존재이기에 우리의 삶이 완성되기 전에는 교회에서
떠날 수가 없으며 교회의 품을 떠나서는 죄의 용서와 축복을
기대할 수 없음을 의미하는 것이다.

2. 그리스도의 몸으로서의 교회

초대 교회 신앙인들에게 교회의 중심은 예수 그리스도이시
며 그분과 밀접한 관계성을 가진 사람들로 구성되며, 이는
교회에 속한 각 성도들이 서로 한 몸처럼 분리될 수 없는
존재, 즉 지체(肢體)로 인식한다는 것이다. 교회를 "그리스도
의 몸"으로 이해하는 것은 바울 신앙에 근거한 것으로 그리스
도께서 이 땅에서 인간의 몸으로 사역하신 것과 같이, 교회는
지금도 그리스도께서 활동하시는 공간이라는 의미이다.

물론 바울 이전 복음서에도 이미 교회와 성도들을 그리스도의 몸으로서 언급한 것을 찾아 볼 수 있다. 예컨대 앞서 살펴본 것처럼 〈요한복음〉의 "목자와 양"과 "포도나무와 가지" 비유는 철저히 그리스도 중심적인데, 이는 예수가 곧 교회이며 교회를 형성하는 구성원은 그리스도이고, 성도는 포도나무 가지로서, 목자의 양으로 교회의 일부가 되는 것을 의미하며 서로 끊을 수 없는 지체와 같은 밀접한 관계를 의미하는 비유이다.

십자가에 달려 돌아가신 그리스도가 부활하신 이후, 이른바 "부활 신앙"의 교회는 그러한 믿음의 근원 역시 하나님께서 주신 것으로 이해하였다. 바울은 그의 서신, 특히 〈로마서〉와 〈고린도전서〉에서 부활하신 그리스도의 몸에 대해 말하고 있는데 이는 부활하신 그리스도의 몸에 동참하는 사람들을 의미한다. 즉 **그리스도의 한 지체로 하나님의 뜻을 전파하는 신앙 공동체**가 교회의 근원임을 말하는 것이기도 하다. 이것은 그리스도에 대해, 그리스도 안에서, 그리스도를 통해 행동하시는 하나님의 역사하심을 강조하는 초대 교회에도 잘 나타나 있다. 이것이 바로 "그리스도의 몸으로서의 교회" 개념이다.

바울은 "우리가 한 몸에 많은 지체를 가졌으나 모든 지체가 같은 직분을 가진 것이 아니니, 이와 같이 우리 많은 사람이 그리스도 안에서 한 몸이 되어 서로 지체가 되었느니라"(로마서 12: 4-5), "너희는 그리스도의 몸이요 지체의 각 부분이라"(고린도전서 12장 27)라고 되풀이하여 말함으로써, 그리스도의 몸으로서의 교회에 대해 말하고 있다.

이는 근본적으로 교회와 그리스도와의 결합을 강조하려는데 의의를 찾을 수 있을 것이다. 즉 이러한 교회 개념은 교회를 구성하는 모든 구성원, 즉 성도들 상호간의 연결 관계를 말한다. 그렇다면 이러한 관계는 무엇이며 또 어떤 의미를 갖는 것일까?

그리스도교적 신앙은 단순히 개인적 관계에서만 규정되는 것이 아니다. 그리스도인의 삶은 혼자만의 고립된 삶이 아니라 다른 성도들 간의 관계성에 있음을 바울은 강조한 것이다. 그러므로 주안에서 같은 몸의 지체인 그리스도인들은 형제간에 서로 죄를 범하지 않도록 조심해야 하며(고린도전서 8:13, 갈라디아서 6:1-2) 서로를 자기 몸과 같이 생각하고 그리스도의 자기희생적인 사랑을 간직해야 한다는 의미이다.(에베소서 5:1-2, 로마서 5:8)

물론 바울은 그리스도가 그 중심에 계심을 강조하였다. 〈에베소서〉와 〈골로새서〉에서 바울은 그리스도가 교회의 머리이시며 교회는 그의 몸이라고 말했다. 바울에게 그리스도는 모든 권위와 영적 역사의 근원이다. 또한 그는 그리스도와 교회 사이에 존재하는 일체성을 이해하면서 "너희는 사도들과 선지자들의 터 위에 세움을 입은 자라, 그리스도 예수께서 친히 모퉁이 돌이 되셨느니라. 그 안에서 건물마다 서로 연결하여 주 안에서 성전이 되어 가고 너희도 성령 안에서 하나님의 거하실 처소가 되기 위하여 예수 안에서 함께 지어져 가느니라"(에베소서 2:20-22)라고 말함과 동시에 "주와 합하는 자는 한 영"(고린도전서 6:17)이라고 강조하였다.

이렇듯 바울에게 교회는 구원받은 무리들의 모임이다. 또한 그리스도의 몸으로서 주 안에서 연결되어 성령으로 한 몸이 되어 온전한 하나를 이루는 것이 바로 교회이자 진정 하나님이 원하시는 공동체라고 생각했던 것이다.

교회를 그리스도의 몸이라고 받아들이면, 그 안에서 상호 관계성을 발견하게 되는데, 그것이 바로 교제의 진정성이다. "하나의 지체가 고통을 받으면 모든 지체도 함께 고통을 받는"(고린도전서 12:26) **함께하는 교제**, "헬라인이나 유대인이나 할례당이나 무할례당이나… 종이나 자유인이나 분별이 있을 수 없나니 오직 그리스도는 만유이시며 만유 안에 계시느니라"(골로새서 3:11)고 하는 **보편적 교제**의 특성을 의미한다.

결론적으로 바울이 "그리스도의 몸" 개념을 통해 교회가 살아 계신 주님과 결합되어 있음을 강조한 것은 교회가 바로 그리스도 안에 있다는 명확한 믿음 때문이다. 그것은 교회가 오직 그리스도 안에 있음으로써만이 종말론적 실체로서 이 모든 세상을 신앙 안에서 하나 되게 하는 힘이기 때문이다.

3. 교회와 하나님 나라

예수께서는 "그러나 내가 하나님의 성령을 힘입어 귀신을 쫓아내는 것이면 하나님의 나라가 이미 너희에게 임하였느니라"(마태복음 12:28)라고 말씀하셨다. 예수에게 하나님 나라는 이미 시작된 것이다. 그리하여 예수께서는 이미 하나님의 나라가 임했다고 말씀하시고, 이미 시작된 하나님 나라의 복음을 증거하셨다. 그리고 다시 오시리라는 약속을 주신 것이다. 이 약속을 믿는 공동체에게 남겨진 것이 바로 교회이다.

그렇다면 교회는 하나님 나라의 모습을 어떻게 표상하고 있으며 **교회와 하나님 나라와의 관계는 무엇일까?** 예수께서는 자신이 교회를 세우실 것이며 음부의 권세가 그것을 이기지 못할 것이라고 말씀하신 후 베드로에게 천국 열쇠를 주셨다.(마태복음 16:18-19) 여기서 예수께서 말씀하신 하나님 나라를 곧 교회로 해석하곤 한다. 이러한 이해의 바탕 위에서 교회가 반석 위에 세워질 것이며 또한 하나님의 통치 행위를 증거하고 구현하는 매개가 곧 교회임을 의미한다.

예수께서 증거 하신 것은 하나님 나라의 복음이었다. 아울러 우리는 교회가 하나님 나라와 밀접한 관계가 있음을 알고 있다. 교회는 하나님 나라의 복음을 전파함으로써 사람들의 삶에서 하나님께서 주관하시는 통치와 역사하심을 체험하게 한다. 그리고 하나님 나라는 교회를 통해 계시되며, 현재 안에 그의 나라를 표상하는 것이다. 그리스도인들은 도래할 하나님 나라의 성령 안에서 살 것이다.

그러나 교회를 통해 이 세상에서 하나님 나라를 경험할 수는 있지만, 나약한 인간들이 모인 공동체이기에 교회 자체를 완전한 하나님 나라라고 정의할 수는 없을 것이다. 즉 교회가 하나님의 주권적 통치 행위를 구체적으로 표현하는 것이지만 본질적으로 하나님 나라는 하나님께서 인간의 마음을 다스리시고 그의 뜻을 이루는 모든 곳에서 찾을 수 있다. 교회는 하나님 나라의 하나의 표현 형태일 뿐이라고 말할 수 있다. 왜냐하면 하나님 나라는 온전히 새롭고 즉각적인 하나님의 완성 행위를 통해 이루어지는 것이며, 성도들의 자세는 그분의 뜻에 마음을 열고 따르며, 믿고 고백하며 회개하는 것이기 때문이다.

교회와 하나님 나라와의 관계는 본질상 분리되는 것이 아닌 유기적 관계이다. 마지막 시대에 신앙 공동체는 하나님의 통치의 선포에서 비롯되며 그 분의 통치와 지배하심을 갈구하며 기다린다. 따라서 교회는 하나님 나라의 순례자이자 그것을 기다리며 소망하는 공동체인 것이다.

하나님께서는 늘 당신의 나라를 순례하며 갈구하는 교회를 눈동자처럼 지켜 주시며 교회와 함께 하신다. 그렇기 때문에 교회는 이미 시작된 하나님 나라의 통치 안에 있다. 즉 교회는 종말론적 구원 공동체로서 그리스도 안에 이미 시작된 하나님의 통치 속에서 기다리는 공동체이다.

4. 변화하는 세계 속에서의 교회

교회는 과거나 현재 그리고 미래에도 이 땅에 하나님 나라를 건설하고 예비하려는 목적으로 이 세계 안에 모인 성도들의 공동체이다. 하나님의 지배와 통치가 가까운 장래에 도래할 것이라고 믿었던 초대 교회의 종말론적 신앙에서는 이 세상을 바라보는 관점은 매우 비관적이었다.

초대 교회 성도들에게 "이 세상과 이 세대"는 죄와 죽음의 세력이 지배하는 공간이었으며 그리스도의 몸으로서의 교회는 악한 세상과의 대립점에 서 있는 것으로 생각했고, 그렇기 때문에 이들에게 하나님 나라와 이 세계는 극단적으로 대립되는 것으로 여겨졌다.

그러나 역사적으로 발전해 오면서 초기 신약 시대의 이러한 세계관은 점점 바뀌어 갔다. 교회는 이 지상의 세계에 동화될 수는 없지만, 이 세계에 속하면서 곧 완성될 하나님 나라를 준비하기 위해 복음을 선포하는 새로운 사명을 자각하기 시작한 것이다. 즉 이 세계 역시 하나님의 피조물로서 그리스도 안에서 교회를 통해 원래 하나님이 바라시는 모습으로 되돌려져야 할 대상인 것이다.

하나님께서 원하시는 교회는 아담과 하와의 타락 이전에 하나님께서 창조하신 에덴의 재창조이자 이 땅 위에 하나님 나라를 건설하기 위한 도구이다. 하나님께서는 인간을 죄에서 구원하시려 예수 그리스도를 이 세상에 보내시고 인간들의 죄와 사망에서 구원하시어 하나님과 화해하게 하시려는 중보자의 역할을 담당하게 하셨다. 그로인해 다시 창조 당시의 본 모습인 아름다운 조화로 회복하게 하신 그리스도의 화해의 역사가 바로 하늘과 땅이 하나 되는 교회의 모습이다.(에베소서 1:7-13, 2:18-22)

그러므로 교회는 늘 이 세상과 그리스도의 화해의 역사를 중개하는 사명을 갖고 있다. 그런데 이러한 사명을 감당해야 하는 교회는 스스로를 항상 새롭게 하고 혁신하며 갱신하는 자세를 갖고 있어야 한다. 이것은 바울의 말처럼, 교회 스스로가 늘 주님 앞에 "흠 없이 영광스러운"(고린도후서 9:12) 공동체로 남아 봉사와 선교의 사명을 감당해야 함을 의미한다.

교회는 스스로 자발적으로 봉사하고 섬기는 자세를 가져야 한다. 교회 자체가 높임을 받고 섬김을 받는 것이 아니라 예수 그리스도와 이 세계를 섬기기 위해 존재함을 깨달아야 한다. 많은 사람들이 교회가 대형화되고 물신에 의해 지배당하는 듯 하는 경향에 우려를 갖는 것은 교회 스스로가 권위와 높임을 받으려 한다는 의구심을 갖기 때문이다. 교회는 근원적으로 섬김의 본을 보이신 예수의 모습을 다시 한 번 바라보아야 할 필요가 있다

사회가 점점 더 세속화되어 갈수록 교회 갱신을 요구하는 목소리가 커지고 있다. 특히 교회 안에서의 배금주의와 교파 간 갈등, 성도들의 이기주의와 기복 신앙은 교회를 새롭게 해야 한다는 당위성을 더욱 부각시키고 있다. 교회는 언제나 선교 공동체, 섬김과 봉사의 공동체로서의 사명을 감당해야 한다. 따라서 이상적인 교회는 양적으로뿐만 아니라 질적으로 성장하며 복음을 전파하고 이 세계를 사랑으로 섬기는 빛과 소금의 역할에 참여하며 교회이다.

적극적인 의미에서의 교회의 섬김과 봉사는 이 세계 속에서,

이 세계를 위하여 존재하며 사명을 감당하는 일이다. 미래의
이 세계는 더욱 다원화되고 다양한 형태의 세계가 될 것으로
예측된다. 교회는 스스로를 개혁하면서 변화하는 시대에 신
축성 있게 대면해야 한다.

이를 위해 교회가 감당해야 할 사명은 첫째, 예언자적 사명에
충실하여 이 세상의 온갖 비인간화와 불의와 맞서 싸워야
하며 둘째, 사회에서 소외당하는 사람들을 배려하고 감싸주는
교회 본연의 사랑에 충실하는 것이다.

우리 사회는 지난 세기 급속히 진행된 근대화, 도시화, 산업
화 과정에서의 인간 소외를 치유해야 하는 과제를 안고 있으
며, 더욱이 부의 편중과 가난과 빈곤의 심화 등, 양극화 문제는
사회의 가장 큰 문제로 부각되고 있다. 또한 첨단 과학기술과
정보화, 세계화의 격랑에 휩쓸려 있으며 이에 따른 가치관의
혼돈 역시 심각한 상황이다. 여기에 자연과 환경의 파괴 등
생태 문제가 심각함에 따라 하나님의 창조질서를 회복하는
과제 역시 중차대하다.

교회는 이렇듯 변화하는 이 세계 속의 수많은 과제에 대해
책임을 지고 있다. 그럼으로써 교회는 존재하는 것이다. 자신
만을 위한 교회는 아무런 의미가 없다. 그런 교회라면 그리스
도의 교회라 할 수 없다. "너희는 이 세대를 본받지 말고,

오직 마음을 새롭게 함으로 변화를 받아 하나님의 선하시고
온전하신 뜻이 무엇인지 분별하도록 하라"(로마서 12:2)는
바울의 당부는 우리가 사는 이 세계에서 따라야 할 하나님의
명령이다. 이것이야말로 하나님의 영성과 이 세계 속에서의
올바른 현실인식을 기반으로 교회가 감당해야 할 사명을 올바
로 깨닫는 것이다.

제 **10** 장

종말과 그리스도인의 희망

　그리스도교의 역사는 하나님의 창조와 더불어 우주적 종말을 거친 새 하늘과 새 땅에 대한 이야기로 이어진다. 그리스도교 이해의 조직신학적 진술은 창조와 인간의 타락 그리고 예수 그리스도를 통한 구원과 마지막 심판을 거친 우주적 종말이라는 순서로 전개된다. 이 때 '마지막'을 의미하는 종말(終末)의 헬라어 "텔로스"(telos)는 '목표'라는 의미도 함께 지닌 말이다. 마지막이지만 그 지점을 향한 목표가 동시에 내재되어 있다는 뜻이다.

　그리스도교에서는 마지막 종착점의 목표는 하나님의 나라이다. 종말은 인간 개인의 역사의 마감이기도 하지만 피조 세계 전체의 마지막 종착역이 하나님의 나라라는 사실을 나타내준다. 종말론은 궁극적으로 개인의 운명과 결부되는 개인의 심판과 구원을 통한 부활의 세계를 다루고 있는데, 인류 전체의 미래를 논하는 공동체적 종말론, 그리고 하나님의 새로운

창조 세계인 새 하늘과 새 땅에 관한 이야기와 그리스도인의
희망의 근거로서 종말론이 지니는 궁극적 의미가 그 중심에
있다.

1. 죽음의 문제 :
성서는 죽음을 어떻게 말하는가?

인간은 누구나 죽음에 직면하게 된다. 그러면서도 죽음은
여전히 하나의 커다란 신비이다. 죽음에 관한 최근의 생물학
적 정의는 뇌의 활동 상태에 대한 규명으로 생명과 죽음을
구분하려고 한다. 1981년 법률로 명시된 미국 정부의 사망
판단은 "순환기와 호흡기의 회복할 수 없는 중지" 또는 "뇌관
을 비롯한 두되 전체의 모든 기능의 회복할 수 없는 중지"를
보이는 사람으로 규정된다.

그러나 죽음을 생물학적 기능의 중지만으로 단정하기에는
뭔가 충분하지 못한 점이 있다. 죽음의 생물학적 측면 너머에
인격적 정신적 측면이 있다는 것이다. 인간이 다른 피조물과
구분되는 점은 인간은 스스로의 유한성을 깊이 자각하고 있고
그 죽음에 대해 성찰할 수 있다는 것이다. 누구나 피할 수
없는 죽음(시편 89:48), 이러한 죽음에 대해 성서는 무엇을
말하고 있는가?

1) 구약성서의 " 스올" 개념

구약성서에서 죽은 자의 상태는 애매모호한 현상으로 이해되었다. 고대 히브리인들은 장수를 하나님의 선물(시편 128)로 보았고, 생명은 하나님이 주시기도 하고 취하시기도 하는 것(사무엘상 2:6, 욥기 1:21)으로 파악했다. 하나님의 말씀에 순종하는 것은 생명을 누리는 열쇠였다(신명기 5:16, 잠언 3:1-2). 그러면서도 죽음은 노화 과정의 불가피한 현상으로서 맞이했다(사무엘상 3:6). 천수를 다하고 죽는 것은 하나님께서 의인에게 내리는 축복 중 하나였지만 한편으로는 죽음이 악과 같은 외부의 힘으로 오는 것으로 보았다. "음부의 줄이 나를 두르고 사망의 올무가 내게 이르렀도다"(사무엘하 22:6). 시편에서는 "누가 살아서 죽음을 보지 않고 그 영혼을 음부의 권세에서 건지리이까"(89:48)"라고 한탄한다.

히브리인들은 죽은 자들이 있는 장소를 가리키는 용어를 "스올"(Sheol)이라고 표현한다. 스올은 중립적인 의미로 모든 사람들을 기다리는 장소로서의 무덤을 의미하기도 한다. 야곱이 요셉이 죽은 줄 알고 슬퍼하던 장면을 보자. "그 모든 자녀가 위로하되 그가 그 위로를 받지 아니하여 가로되 내가 슬퍼하며 음부에 내려 아들에게로 가리라 하고 그 아비가 그를 위하여 울었더라"(창세기 37:35). 때로는 더 불길한 의미를 지니기도 한다. 바알로 인하여 범죄한 에브라임을 향한 호세아의 예언을 보자. "내가 저희를 음부의 권세에서 속량하며 사망에서 구속하리니 사망아 네 재앙이 어디 있느냐 음부야 네 멸망이 어디 있느냐 뉘우침이 내 목전에 숨으리라"(호세아 13:14)." 이 같은 죽음의 문제는 성서에서 볼 때 생리학적 죽음으로만 판단할 수 없는 인격적, 정신적 문제와 함께 죄를 범한 인간의 실존적 운명과도 결부 되어 있다.

스올이 때로 중립적인 의미의 무덤으로 사용되거나, 하나님의 임재로부터 분리되는 부정적 측면의 의미(시편 6:5, 115:17, 사사기 38:10-11, 18, 욥기 7:9)로도 사용되는데 일반적으로는 부정적 측면이 강했다. 그럼에도 불구하고 스올에 직면한 자들에겐 희망이 남아 있는데, 스올은 궁극적으로는 불의한 자들을 위한 장소이지만 소망이 완전히 사라진 것이 아니기 때문이다. 〈시편〉기자는 이렇게 말한다. "악인이 음부로 돌아감이여 하나님을 잊어버린 모든 열방이 그리하리로다"(9:17). 문제는 하나님을 잊어버린 악인이 음부로 돌아가는 것이고, 의인은 그렇지 않다는 것이다. 악인과 달리 고난받는 자의 상황은 다르다. "궁핍한 자가 항상 잊어버림을 보지 아니함이여 가난한 자가 영영히 실망치 아니하리로다"(시편 9:18).

구약의 공동체는 결국 사망과 스올의 세력이 최종적인 것이 아님을 믿었고, 하나님은 그의 백성에게 영원한 죽음의 운명을 피할 수 있는 영생의 새 길을 보여 주었다. 다윗의 고백을 들어보자. "내가 여호와를 항상 내 앞에 모심이여 그가 내 우편에 계시므로 내가 요동치 아니하리로다. 이러므로 내 마음이 기쁘고 내 영광(혹은 영)도 즐거워하며 내 육체도 안전히 거하리니 이는 내 영혼을 음부에 버리지 아니하시며 주의 거룩한 자로 썩지 않게 하실 것임이니이다. 주께서 생명의 길로 내게 보이시리니 주의 앞에는 기쁨이 충만하고 주의 우편에는 영원한 즐거움이 있나이다"(시편 16:8-11). 다윗의 이러한 고백에는 죽음 이후에 발생되는 음부의 부정적 측면을 극복하고 주님과 더불어 영생의 기쁨을 맛보게 되리라는 희망과 믿음이 있다. 다음 구절은 스올을 극복하는 문제에 대해 보다 더 직접적이다. "하나님은 나를 영접하시리니 이러므로 내 영혼을 스올의 권세에서 건져 내시리로다"(시편 49:15, 86:13).

스올에서 건져 낸다는 표현 가운데 가장 극적인 표현은 호세아 예언자를 통하여 나타난다. 이는 다윗이나 이스라엘 백성의 신앙적 고백이 아니라 하나님이 직접 선지자를 통하여 말씀하신다. "내가 그들을 스올의 권세에서 속량하며 사망에서 구속하리니 사망아 네 재앙이 어디 있느냐, 스올아 네 멸망이 어디 있느냐"(호세아 13:14). 한편 구약의 전통 가운데는 엘리야와 같이 육체적인 죽음을 맛보지 않고 승천한 경우의 예도 있다(열왕기하 2:11).

이러한 승천의 전승은 히브리인들에게 일반화된 경우라 할 수 있는데, 창세기 기사 중에도 언급되고 있는 에녹의 경우가 그러하다. "에녹이 하나님과 동행하더니 하나님이 그를 데려가시므로 세상에 있지 아니하더라"(5:24). 창세기에 언급된 에녹의 승천 이야기는 신약성서 히브리서에서 더욱 구체적으로 설명된다. "믿음으로 에녹은 죽음을 보지 않고 옮기웠으니 하나님이 저를 옮기심으로 다시 보이지 아니하니라. 저는 옮기우기 전에 하나님을 기쁘시게 하는 자라 하는 증거를 받았느니라"(히브리서 11:5). 승천에 관한 전승뿐만 아니라 종말론적 묵시문학서인 〈다니엘서〉에서는 영생의 구원한 영원한 수치의 심판을 분명히 밝히고 있다. "많은 사람이 깨어나 영생을 받는 자도 있겠고 수치를 당하여 영원히 부끄러움을 당할 자도 있을 것이다.(다니엘서 12:2)"

2) 신약성서는 죽음을 어떻게 말하고 있는가?

신약성서의 죽음은 예수의 부활과 관련하여 모든 것이 설명되고 있다. 이 점은 구약성서가 증언하는 스올의 이중적인 의미와는 다르다. 구약성서가 스올을 단순한 무덤으로 죽은 자들이 머무는 곳으로 설명하면서도 한편으로는 부정적인 의미로 불의한 자들이 영원히 머무는 장소로 설명하고 있는데 반해, 신약은 죽음을 부정적인 의미로 진술하고 있다.

〈히브리서〉의 저자는 죽음을 사탄의 권세 아래 있는 것으로 보았는데, 이는 "사망의 세력을 잡은 자 곧 마귀"(히브리서 2:14)라는 표현에서 잘 알 수 있다. 바울은 죽음은 인간의 죄로 말미암아 세상에 들어 왔다는 것(로마서 5:12)과 "죄의 삯은 사망이라"(로마서 6:23)는 점을 밝힘으로써 죽음을 죄와 연결시켜 해석했다. 예수 자신도 죽음을 맞이했을 때는 '심히 고민하여 죽을 지경'이 되었고, 가능하면 그 죽음의 '잔이 옮겨지기를 바랐다'(마가복음 14:32-36). 심지어 십자가 위에서는 자신을 '하나님이 버리는 것'으로 까지 생각했다(마가복음 15:34). 죽음은 이처럼 신약성서에는 마귀의 권세 아래 있는 것으로 부정적으로 해석했다.

구약성서가 말하고 있는 부정적 의미의 스올(헬라어로는 "하데스"(Hades)에 해당한다)은 이제 "사망을 폐하시고 복음으로써 생명과 썩지 아니 할 것을 드러내신"(디모데후서 1:10) 그리스도를 통해 극복된다. 영생의 길이 예수 안에서 제시된 것이다. 문제는 예수 안에 제시 된 생명의 길(요한복음 14:6)을 믿고, 하나님이 보내신 자를 믿음으로 영생을 얻게 된다는 것이다. 요한은 이를 다음과 같이 전한다. "내가 진실로 진실로 너희에게 이르노니 내 말을 듣고 또 나 보내신 이를 믿는 자는 영생을 얻었고 심판에 이르지 아니하나니 사망에서 생명으로 옮겼느니라"(요한복음 5:24). 하나님이 보내신 자 곧 예수를 믿고 그 '말씀을 지키는 자는 죽음을 영원히 보지 않는다'(요한복음 8:51). 성서는 역사의 끝 날에 살고 있는 자들에게는 생물학적 죽음을 맛보지 않고 높이 들려 올려져서 공중에서 재림하는 주님을 보게 될 것이라고 증언한다(데살로니가전서 4:13-17).

예수를 믿음으로 죽음을 이기고 영생을 체험한다는 것은 예수의 부활신앙과 결부되어 있다. 요한복음에서 예수는 다음과 같이 선언한다. "나는 부활이요 생명이니 나를 믿는 자는 죽어도 살겠고, 무릇 살아서 나를 믿는 자는 영원히 죽지 아니하리니 이것을 네가 믿느냐"(11:25-26). 이 말씀은 예수가 마르다에게 한 이야기였고 마르다는 이 사실을 또한 믿었다. 마르다는 예수의 이 말씀에 다음과 같이 대답했다. "주여 그러합니다. 주는 그리스도시오 세상에 오시는 하나님의 아들이신 줄 내가 믿나이다"(요한복음 11:27).

그리스도교에서 죽음을 극복하고 영생을 얻는 유일한 관건은 부활한 예수에 대한 믿음이다. 이를 통해 영생은 현재적으로 이미 주어져 있다. 그러나 최종적인 승리는 여전히 미래적이다. 이 세상에서는 최후의 그날까지 여전히 죽음이 지배하고 있을 것이기 때문이다. 그럼에도 불구하고 죽음은 예수에 의해 정복당했다. 그러므로 죽음은 인간에게 최후의 적이 될 수 없고 하나님의 사랑으로부터 인간을 더 이상 떼어 놓을 수도 없는 것이다(로마서 8:34-39).

2. 역사의 종말과 그리스도인의 희망

모든 그리스도인은 예수가 가르친 주기도문에 나타난 표현 대로 "나라가 임하시오며 뜻이 하늘에서 이루어진 것 같이 땅에서도 이루어지기를 빌며"(마태복음 6:10) 다가 올 하나님 의 나라를 기다리고 소망한다. 이는 곧 새 하늘과 새 땅(요한계 시록 21:21)을 의미하는 것이다. 그러나 아직도 신음하는 세계 는 미래의 완전한 해방을 기다리고 있다. 피조물의 탄식과 더불어 고통은 여전히 존재한다. 이러한 세상의 한 복판에서 모든 그리스도인과 교회 공동체는 정의와 평화와 자유를 향한 복음을 끊임없이 역사의 마지막 날까지 선포하기를 그쳐서는 안 된다. 인류의 진화와 과학 문명의 발달은 전쟁무기의 발달 을 촉진시켜 왔고 급기야 핵무기라는 가공할 파괴적 무기를 양산하고 있다. 이러한 세상의 위기 속에 그리스도인의 희망 의 복음은 하나님의 정의와 구원이라는 신실한 약속을 기반으 로 하고 있다.

일찍이 예언자들은 "칼을 쳐서 보습, 창을 쳐서 낫을" 만들 듯이 전쟁의 무기를 변화시켜 평화의 도구로 만들기를 외쳤다(이사야 2:4). 신약 시대에 와서는 예수의 용서와 치유 그리고 부활로 세계는 하나님의 최후의 승리를 열망하게 되었다. "모든 눈물을 그 눈에서 씻기시매 다시 사망이 없고 애통하는 것이나 곡하는 것이나 아픈 것이 다시 있지 아니하리니 처음 것들이 다 지나갔음이더라"(요한계시록 21:4). 그러나 이러한 새 하늘과 새 땅에 대한 열망은 초기 그리스도인들의 대망과는 달리 로마 교회의 탄생과 제국의 확산으로 그리스도교는 점차 본래의 모습을 잃어 가고 있었고 세속화되기 시작하였다. 오히려 계몽주의 시대 이후 20세기 초반까지의 비판가들은 새 하늘과 새 땅에 대한 성서의 묵시문학적 전통을 비웃었다.

성서적 종말론이 자유주의적 비판가들의 눈에는 어리석음의 소치로 평가되었다. 이들에게 예수의 가르침은 도덕적 가르침에 불과했다. 이러한 계몽주의적 비판 사상은 인간 이성에 대한 낙관론을 바탕으로 하는 것이었다. 하지만 20세기 초에 세계대전을 두 차례나 겪으면서 사람들과 일부 신학자들은 인간에 대한 낙관론을 다시 회의하기 시작했다. 이성과 과학의 기술이 인류와 문명을 파괴하는 무기로 변하게 되자 사람들은 이성의 한계를 느끼기 시작한 것이다. 진보와 이성의 장밋빛 맹신에서 벗어나고자 하는 새로운 각성이 일어났다. 자유주의의 진보적 낙관론과 마르크스의 유토피아적 이상은 지난 반세기 동안 현대 철학의 주류를 이루었다.

이 시대에 에른스트 블로흐(Ernst Bloch)는 그의 저서 『희망의 원리』에서 "희망의 철학"을 전개하면서 자본주의의 압제자에 대한 마지막 심판을 수행하고 사회주의의 새 하늘과 새 땅을 건설하는 이는 하나님이 아니라 혁명적인 프롤레타리아라고 주장했다. 블로흐는 미래의 문화를 이끌고 가는 동력은 모든 소외를 극복하게 하는 '희망'에서 비롯된다고 주장했다. 그가 주장하는 희망은 구약성서에서부터 전재되는 새 하늘 새 땅에 대한 묵시적 혁명적 희망에서 힌트를 얻은 것이었다. 자유주의적 계몽적 "희망의 원리"는 이제 다시 위기에 처해진 셈이다. 이제는 동유럽과 구소련의 해체를 보면서 마르크스가 주장한 인본주의적 희망은 더 이상 실현이 불가능한 것으로 전락했다.

반면에 우주 종말을 핵무기 전쟁으로 파악하는 근본주의자들의 신묵시(新黙示 neo-apocalypticism)적 환상도 경계의 대상이다. 이들은 아마겟돈과 같은 3차 대전을 경고하면서 그 전쟁의 때와 장소를 예시하는 등 분명치 않은 성서 본문을 발췌하여 아전인수식으로 종말을 해석하고 있다. 특히 이러한 혼란의 시대에 세계를 복음화 시키는 사람들은 개심한

14만 4천명의 유대인들이 맡을 것이라는 홀 린세이(H. Lindsey)의 주장은 무모하기까지 하다.

그리스도인의 미래적 희망을 말하는 종말론에 대하여 신학자들은 다양하게 그들의 의견을 주장하고 있다. 이들의 주장은 서로 대립적인 양상으로까지 진행 되었다. 그 이유는 성서의 미래적 전망이 그만큼 묵시적인 배경을 지니고 있는데서 비롯되었는데, 이들의 다양한 주장을 밀리오리의 견해를 따라 간략히 고찰해 보도록 하겠다.

첫째는 하나님의 나라와 종말이 미래에 있다는 미래의 종말론(알베르트 슈바이쳐)과 이미 종말이 실현되었다고 보는 실현된 종말론(C.H. 다드)사이의 대립이 있다. 둘째는 개인적인 또는 실존론적인 종말(불트만)과 공동체적 종말론(몰트만과 해방신학자들)사이의 대립이 있다. 이들의 주장은 하나님의 나라가 개인의 삶과 관계 되는 것인가 아니면 사회, 경제, 정치 모든 분야의 공동체적 관심과 결부되는 것인가 하는 문제를 다룬다. 셋째는 역사적 종말론(현대 서양신학)과 우주론적 종말론(동양신학과 과정신학)의 대립이다. 서양신학의 경우는 대개 하나님의 나라를 인간 완성에 초점을 맞추고 있는 반면에 동양신학은 자연과 우주적 종말의 과정을 중시하기 때문이다. 넷째는 하나님의 활동에 비중을 두는 종말론(신정통주의, 칼 바르트)과 인간의 활동에 비중을 두는 종말론(사회복음주의 자들)사이의 대립이다. 이 관점은 하나님의 나라가 오로지 하나님의 힘으로 세워지는가, 아니면 인간의 결단과 노력으로 세워지는가 하는 차이점이다.

 이들의 모든 주장은 성서적 종말론에 대한 일방적인 진술에서 비롯된다. 성서는 하나님의 나라가 예수 안에서 이미 시작되기도 하지만 아직 완성된 것은 아니기 때문이다. 그런 점에서 미래적이기도 하며 동시에 실현되고 있는 것이기 때문에 어느 한 쪽 견해에 치우쳐서는 안 되는 것이다. 또한 하나님의 나라는 개인적 실존의 구원이면서 동시에 공동체적 운명의 성격을 지니는 것이다. 나아가서 인류 역사와 함께 우주적 종말을 예고하는 것이며, 하나님의 나라는 하나님의 전적인 은혜와 힘으로 세워지는 것이지만 인간의 결단이 필요한 것이다.

 그리스도인의 희망은 불의와 억압, 고통과 죽음을 몰아내는 십자가의 고난과 부활의 소망을 통해 드러나는 삼위일체 하나님의 사랑과 정의와 평화의 결실이다. 그것은 미래적이고 현재적이며, 개인적이고 공동체적이며 역사적이고 우주적이다. 이제 그리스도 안에서 각 사람의 죽음은 오직 하나님의 은혜로운 손길에 접어드는 마지막 기회가 된다. 그러면서도 동시에 우리의 역사적 삶에는 부모와 형제와 이웃과 벗이 있다. 이들 모두는 하나님의 품 안에서 공동체적 운명의 성격을 지니고 있는 것이다. 그러므로 우리는 인류의 평화와 구원을 염원해야 한다.

죽음의 세력에 의해 지배당하는 사회, 경제, 정치 구조의 혁신도 하나님의 사랑과 정의의 원리에 따라 재구성 될 필요가 있다. 더 나아가 지구적 환경은 오래 전부터 몸살을 앓고 있다. 생태계의 위기는 이제 어제 오늘의 일이 아니지만 단순한 걱정거리만도 아니라 심각한 위기에 봉착해 있다. 따라서 인간 중심적 구원과 종말이 아니라 환경의 지구적 회복을 위해 노력해야 할 때이다. 이사야는 이러한 세상을 일찍이 꿈꾸었다. "광야와 메마른 땅이 기뻐하며 사막이 백합화 같이 피어 즐거워하며 무성하게 피어 기쁜 노래로 즐거워하리라"(35:1-2).

그리스도인의 미래적 희망을 말하면서 우리는 언어로 모든 것을 표현할 수 없음을 고백해야 할 것이고, 단지 예수의 십자가와 부활을 통한 죽음의 극복과 영생의 길을 우리는 삼위일체 하나님의 은혜와 사랑으로 얻게 되었음을 고백할 수 있을 뿐이다. 따라서 이 땅에 생명을 유지하고 사는 동안 그리스도인의 직무는 인간다운 삶의 유지를 위해 정의와 평화가 실현되는 창조적 공동체를 만들어 가야 할 것이다. 다가올 하나님의 나라는 인간의 노력을 배제한 진공 상태에서 이루어지는 것이 아니기 때문이며, 믿음과 소망과 사랑을 가지고 살아갈 때 어느 순간 그리스도의 재림(Parousia)을 맞이하게 될 것이다. 이러한 재림은 가난하고 헐벗은 이들과 옥에 갇힌 이들을 돌아보고 모든 소외를 극복하려는 사랑과 해방의 손길 가운데 궁극적인 영생과 부활의 기쁨을 맛보게 되리라는 것이 그리스도인의 소중한 희망이다(마 24, 25장 참조).

영원한 생명이란 단지 생명의 소유 그 자체만이 아니라, 하나님과의 영원한 사귐을 말한다. 또한 개인주의의 무제한 적 자유를 말하는 것이 아니며, 영원한 사랑의 공동체 속에 끊임없이 참여하는 것을 의미한다. 생명은 풍성함을 그 특징으로 한다. 동시에 생명은 끝없이 창조적이다. 지옥이란 하나님의 아가페 사랑을 외면하고 다른 사람과의 우정의 관계를 단절시키는 행위 자체에서 비롯된다. 그런 점에서 지옥은 영원한 하나님의 사랑에 저항하는 자기 파괴적인 등 돌림이다. 이곳은 지루한 곳이며 그 지루함에서 돌아서야 한다. 그것이 회개이다. 하나님은 사랑 없는 지옥에서 인간을 구제하는 것이 우선 목적이지 지옥 그 자체가 목적이 아니다.

오늘날 그리스도인에게는 희망은 있고 윤리는 없어진 듯하다. 특히 제도적 교회의 모습은 더욱 그러하다. 우리 시대에 회복해야 할 가장 긴박한 과제가 그리스도인의 윤리적 문제인데 그것은 종말론적 심판 의식의 결여에서 비롯된 것일 수도 있다. 그리스도인의 윤리는 제자도의 모습을 회복하는 데 있으며 십자가에서 예수가 보여준 삶의 결정적인 모습인 자기 비움과 사랑의 나눔 실천에서 찾아 볼 수 있다. 예수는 십자가 위에서 모든 울부짖음과 죽음의 종말을 고했다. 이제 남은 것은 현재와 장래의 소망 중에 지금 당하는 고통을 믿음과 인내로 극복하며 정의롭고 평화로운 하나님의 기쁨의 공동체를 열어가는 일뿐이다.

제 **11** 장

환원 운동 사상의
역사적 뿌리와 배경

19세기 미국에서 시작된 환원운동은 단순한 지역적 교파주의가 아닌 미국 전체의 교파주의에 대한 비판에서 출발한 것이었다. 환원 운동에서 파생된 3개의 그룹이 있는데, 비교적 개방적인 제자교회(Disciple of Christ)와 중도적 입장의 크리스천 교회(Christian Churches) 그리고 보다 보수적인 그리스도의 교회(Churches of Christ)가 그것이다. 이들 세 그룹은 선교단체의 조직문제라든가 예배 중에 악기를 사용해야 하는가하는 문제를 놓고 성서적 견해 차이를 보이며 분리되기는 했지만, 환원운동이 주장하는 기본적인 슬로건인 '진리와 일치'라는 두 가지 동기(motive)를 강조 한다. 하지만 여기서 진리란 신약성서의 가르침만이 기독교의 진리가 된다는 점이며, '일치'를 위해서는 제자교회와 같이 '진리'를 유보시키기도 한다는 것이다. 이점은 성경 해석을 다소 자유롭게 했던 제자 교회가 일치를 위해서는 자신들의 주장을 완화시켰다는 말이다.

반면에 그리스도의 교회는 '진리'의 동기(動機)를 강화시켰
는데, 이를테면, 신약성서에서 예배 중에 악기를 사용하는
것이 나타나지 않음을 보고 아카펠라 찬송을 했는데, 악기를
사용하는 측에 대해서는 배타적인 경향을 보였으므로 '일치'
보다는 '진리' 주장을 강화시킨 경우라고 볼 수 있을 것이다.
이렇게 볼 때 환원 운동의 세 그룹 내에도 실질적인 '일치와
진리' 주장은 현실성을 지닌 것이라고 보기는 어렵다. 그러나
환원 운동의 이들 세 그룹은 미국 종교사에서 하나의 독특한
운동으로 구분되고 있는데, 모두가 **'성서로 돌아가자'**라는 슬
로건을 통해 나름대로의 운동을 전개하고 있기 때문이다.
사실 이들 그룹은 바톤 스톤과 캠벨 부자 등의 선구적인 영향
을 받은 그룹이지만 결국은 이 환원운동도 루터와 칼빈을
비롯한 종교개혁과 존 로크의 철학 및 계몽운동 그리고 미국
의 개척자들의 영향을 받은 것이다.

환원 운동의 그룹 가운데 보수적 성향을 지닌 그룹은 초대
교회를 완전한 교회로 보지 않고 하나의 진화를 위한 과정에
있다고 생각하는 역사 비평적 방법을 거부한다. 이는 알렉산
더 캠벨이 현대의 합리주의를 비판하고 자연과 초자연적 지식
을 구분했던 존 로크의 인식론을 받아들이고 있는 데서도

알 수 있다. 캠벨에게서 합리주의는 교회의 권위를 위태롭게 하기보다는 하나님이 주신 초자연적 계시인 성서의 권위를 위태롭게 하는 것이었다. 그러면 이제 이들 환원운동의 역사적 뿌리는 무엇이며 어떠한 시대적 상황과 사상이 환원운동의 촉진을 가져왔던가 하는 것을 다음에서 구체적으로 살펴보기로 하자.

1. 환원 운동의 일차적 뿌리 : 종교개혁

16세기에 일어난 종교개혁은 가톨릭의 공동체적 혹은 미사나 사제 중심의 중재적 가치보다는 **개인이 직접 하나님께 예배 할 수 있고 성서를 해석할 수 있다는 개인적 가치를 높였다는 의미가 크다.** 이러한 개인주의적 가치는 가톨릭교회의 권위와 조직을 거부하고 독일과 유럽 전역에 수 천 개의 개별적 종교들이 생겨났고, 무정부적 혹은 지나친 개인주의를 피하기 위해 종교 개혁적 교리와 신학이 형성되기 시작했다. 이 때 루터는 '오직 성서만으로(Sola Scriptura)'라는 주장과 '오직 믿음으로(Sola Fide)', '오직 은총으로(Sola Gratia)' 등의 구호를 외쳤던 것이다. 그럼에도 불구하고 1527년에 루터는 주의 만찬과 관련하여 쯔빙글리와 견해 차이를 보이면서 부분적으로 교회일치 운동에는 실패하고 개혁교회 내에서의 분열이 계속 되었다. 또한 루터는 토마스 뮌처(Thomas Muenzer)와 같은 극단적인 신학에 저항하여 '도적을 일삼는 소작 농민'을 비난 하였고, 세르베투스와 같은 삼위일체를 부정하는 신학자에 대해서는 이단으로 지목되어 사형에 처해지도록 함으로써 프로테스탄트의 무관용성을 보여주는 계기도 있었다.

　가톨릭의 권위주의에 저항하여 얻어낸 **종교개혁의 성과는 분명 개인의 신앙을 존중하는 신앙의 자유에 있다.** 종교에 대한 개인적인 가치와 하나님과의 관계를 강조하는 복음주의 운동이 시작된 것이다. 신앙의 자유는 개인적 양심의 중요성을 인정하는 것이었고, 자유를 부르짖는 이들은 동시에 조직체에 대해서는 거부감을 가진 자들이었다. 그러나 신앙의 자유가 지나치게 완화되자 오늘날의 수많은 개신교 교파주의가 형성 된 것이다. 결국 루터로부터 시작되는 종교개혁은 가톨릭의 교권주의에 저항하여 '오직 성서만으로'라는 슬로건을 통하여 제도와 교권이 아니라 개인과 양심의 존중을 바탕으로 성서해석의 새로운 전환점을 마련했고, **이러한 루터의 슬로건은 환원운동을 창시하고 주도한 알렉산더 캠벨에게도 영향을 미쳤다.**

2. 계몽사상의 영향

루터의 종교 개혁이후 드높아진 개인적 가치는 이제 18세기 계몽주의 사상에서 더욱 두드러진다. 특히 개인적 종교체험은 경건주의나 신비주의에서도 강하게 일어났지만 계몽주의의 합리적 사고에서도 발견된다.

특히 서양철학에서 근세 철학의 아버지라고 불리는 데카르트(R. Descartes, 1596-1650) 이후 철학의 방향은 인식론(認識論)으로부터 새롭게 출발하고 있다. **안다는 것이 무엇이며, 그 앎은 어떻게 재확인 될 수 있는가 하는 인식의 근원적인 물음으로부터 철학이 새롭게 정립되고 있었다.** 무엇보다 그 인식의 출발점은 당연히 주체적 자아로서의 개인이었다. 이 개인의 가치를 철학적으로 부각시킨 자가 영국 경험론의 선구자인 존 로크(John Locke, 1632-1704)였다.

로크의 철학은 근대 시민사회 형성의 터를 닦은 영국 명예혁명의 사상적 표현이라고도 불린다. 로크 이전에도 베이컨(Bacon)이 있었지만 그는 자연연구에 힘을 기울였던 반면에 로크는 인간의 연구에 초점을 두었던 것이다. 로크에게서 인간은 이미 신을 의존하는 것이 아니라, 자기 외에 어떠한 권위에도 의존하지 않는다. 그는 어떤 초월적 존재나 형이상학적 원리를 거부하고 경험적 관찰에 입각하여 사상(事象)을 조직적으로 진술하려 했던 것이다. 로크의 사상이 19세기 환원운동에 간접적으로나마 영향을 주게 된 것은 크게 두 가지다. 하나는 로크가 교회 구성원의 자발적 개인을 중시함으로써 '사도적 계승'이라는 교회적 권위를 인정하지 않으려 했다는 점이며, 또 하나는 성서 해석의 문제였다.

 비록 로크는 순수한 믿음의 문제인 부활을 인정하면서도 어디까지나 이성의 범위를 넘어선 것이어서는 안 된다고 단정함으로써, 부활이나 계시의 문제도 이성의 영역에 가두려한 점이 있긴 하지만, 성서를 본래의 계시에 대한 진실한 보고문으로 여긴다는 점에서 성서 자체에 주목하게 한 공헌이 있다고 보는 것이다. 성서 자체에 주목한다는 것은 "예수를 메시아로 믿는 것과 그가 행한 기적 등을 믿는 것"을 말한다. 왜냐하면 믿음은 믿음 나름대로의 체계를 지니기 때문이다. 그럼에도 불구하고 로크는 이성과 믿음 사이에 엄연한 구별을 하고 있다. 이성이 관념에 따른 추론의 정신이라면, 믿음은 하나님으로부터 받은 특별한 의사소통의 방법이다. 이 때 계시 또한 진실을 깨닫는 하나의 방법이기는 하지만 **이성보다 우월한 명확성을 보증해 주는 것이 없다면 계시 보다는 이성을 택해야 한다는 것이 로크의 기본적 입장이었다.**

 로크의 유명론(唯名論)적 인식론을 계승 심화시킨 버클리

(G. Berkeley, 1685-1753)는 〈인간 지식의 원리에 관한 이론〉이라는 책에서 추상적 관념을 공격한다. 추상적 일반 관념은 '언어의 기만'에서 비롯되는 것이라고 한다. '인간'이라는 관념을 상정 할 때도 크고 작은 혹은 남자 여자의 어느 특정한 피부색을 지닌 다양한 존재를 '인간'이라고 말 할 때 그것은 어느 하나로 통칭하여 말할 수 없다는 논리다. 그러므로 모든 관념은 언어의 기만에서 비롯 되는 것이고 이 기만에서 해방되기 위해서는 모든 사물이 '관계'하는 방식을 바로 이해해야 한다는 것이다. 버클리는 로크가 제일성질(第一性質)로 규정했던 고체(固體), 연장(延長), 형태(形態), 운동(運動), 정지(靜止), 수(數)와 같은 실재적 성질 즉 실체마저도 주관적인 것이라고 하여 객관적 실체성을 부정했다. 그러므로 제일성질에서 감각적으로 파생되는 색이나 향기와 같은 제이성질은 더더구나 주관적인 산물에 불과하다고 판단했다. 따라서 성직자였던 버클리는 모든 인식의 최종적인 권위는 오직 하나님께 돌릴 수밖에 없다고 주장했던 것이다. 왜냐하면 인간의 정신은 무한하지만 하나님은 무한정신(無限精神)이기 때문이다. 그 하나님이 인간에게 관념을 부여해주며 인간은 신(神) 속에 있던 원형적 관념을 부여받는 것이다.

로크나 버클리와 달리 **데이비드 흄**(David Hume, 1711-1776)은 인식에 관한한 철저한 회의주의로 선회한다. 그의 주저 〈인성론(人性論), A treatise of Human Nature, 1739-40〉에 의하면, 로크가 인정했던 외부 실재의 물체와 이것을 지각하는 마음의 이원론적 사고를 거부하고 오직, '인상(印象, impression)'만을 관념의 원천으로 인정했다. 따라서 인간의 마음속에 나타나는 모든 의식 내용은 직접적인 '인상'과 이것을 바탕으로 하여 간접적으로 형성된 '관념'으로 구별된다. 흄에게서 인상이 강렬한 지각이라면 관념은 '약한 심상(心象, faint images)'에 불과한 것이었다. 그러나 이 인상마저도 여러 사물의 성질의 집합에 불과한 것이고, 그러한 인상들의 일부가 '정합성(整合性, coherence)'과 '항상성(恒常性, con-stancy)'을 갖기 때문에 우리는 물체가 지속적으로 존재한다는 주관적 소신을 갖게 된다는 것이다. 흄은 정신적 실체마저도 부정적인 입장을 취하였는데, '자기(自己)'라고 하는 것도 무수한 인상의 연속에서 비롯된 관념일 뿐이므로 변하지 않는 실체라고 볼 수 없다고 주장했다. 이와 같이 흄은 인과율과 실체마저도 주관적 신념에 불과하다고 주장함으로써 회의론의 입장을 취하였다. 그러나 그의 회의론은 과거의 독단(獨斷)을 깨우치는 방망이의 역할을 함으로써 칸트(I. Kant, 1724-1804)라는 새로운 걸출한 사상적 인물을 배출시키는 자극제 역할을 하였던 것이다.

종교개혁 이후 개신교에서 교회의 권위적인 태도는 점차

줄어들었지만 이성과 합리주의를 내세우는 철학자들에게서 종교적 신념은 이제 하나의 이신론(Deism)으로 변하게 되었다. 이신론은 이성적 종교이기에 계시를 부정했다. 이신론에서는 성서를 과학 서적이 아니라 문화적 특이성으로 가득한 고대 문헌의 하나로 취급하고 있다. 성서도 이성과 경험에 의해 고안된 것이라는 점이다. 볼테르(Voltaire, 1694-1778)는 〈철학 서간문, 1734〉을 써서 유럽대륙에 로크와 뉴턴(Newton)의 사상을 대중화시킨 대표적인 이신론자였다. 볼테르는 교회의 분파주의에 싫증을 느꼈고, 퀘이커 교도들의 순수성과 진지성 그리고 평화주의와 신앙의 자유를 칭송했다. 이와 같은 이신론자나 합리론적 회의주의자들과 다른 또 하나의 철학이 등장하고 있는데 이는 스코틀랜드의 토마스 리드(Thomas Reid, 1710-1796)가 주장하는 상식철학(Common Sense Philosophy)이다. 토마스 리드는 글래스고 대학에서 도덕철학을 가르쳤는데 환원운동의 선구자인 캠벨 부자가 이곳에서 나중에 배우게 된다.

3. 상식철학이 미국과 알렉산더 캠벨에게 끼친 영향

토마스 리드가 말하는 상식철학에는 유신론적 전제가 놓여 있다. 이를테면 오감에 의해 판단 할 수 없는 본래적인 근원적 판단을 말한다. 이는 이해나 이성으로서가 아니라 영감으로 발견되는 것이다. 이 영감의 발견이 이성에 의해 상식화 된다고 보면서 **리드는 이성과 상식은 대립되지 않는다고 설명한다.** 상식이 하는 일은 존재하는 것들로부터 자명한 것을 판단하는 것이다. 이성은 하늘의 선물이며 이성으로 충만해 있을 때 상식은 훈련을 통하여 습득된다. 제1 원리를 판단하게 하는 기준도 상식의 직무다. 리드는 경험을 넘어서있는 지식의 근원을 회복함으로써 성서에 기초하여 계시된 지식의 실현성을 회복시켰을 뿐 아니라, 하나님의 존재의 필요성도 역설했다.

토마스 리드와 같은 스코틀랜드의 상식 철학은 대부분의 미국 대학 속으로 파고 들어갔고, 19세기 미국 사상에 중대한 영향을 미쳤다. 특히 창조주와 피조물 사이의 구분을 유지하면서 자연세계 내에서 하나님의 초월성을 유지함으로써 과학적 탐구의 유효성을 인정하는데 상식철학이 기여했으며, 이 점을 알렉산더 캠벨은 의미 있게 수용했던 것이다. 베다니

대학의 전 학장 페리 그레셤(P. Gresham)은 "크리스천 교회
가 알렉산더 캠벨이 글래스고에서 전수해 온 스코틀랜드 학파
의 합리주의 철학 연구에 힘을 쏟았다"고 말한다. 예배와
성서 연구의 합리적인 접근 방식도 캠벨부자가 글래스고 대학
에서 배운 상식의 철학에 기초한 것이었다. 캠벨은 로크의
합리론과 인간 인식의 저급함을 받아들인 후기 계몽주의
(Post Enlightenment) 사상가였다. 그러기에 캠벨은 이신론
이나 회의론의 사상을 두루 알고 있으면서 그것을 넘어서는
상식철학을 수용하였던 것이다.

 캠벨은 베이컨의 경험론적 추론처럼 과학적 귀납법을 받아
들였고, 종교에서 사변을 제거하고 이성을 회복하려 했다.
특히 느낌과 성찰에서 지식을 이끌어 낸다는 로크의 경험론을
받아들였다. 동시에 로크처럼 성서를 합리적으로 해석하면서
계시를 하나님의 말씀으로 받아들였지만 흄의 회의론이나
계몽주의적 이신론은 거부하였다. 이신론은 거부하였지만
방법론은 받아들여서, 계시는 느낌으로 알고 신성은 정신에
암시되며 이성이 이를 증거하고 논증한다고 보았다. 계시에
대한 유일한 근거는 성서임을 주장했고, 성서는 인정해도
신조는 거부했다. 신조는 계시의 사실에 관한 하나의 추론에
불과한 것이기 때문이다. 캠벨에 의하면 성서는 학설과 의견
이 아니라 사실로 이루어진 책이기 때문이다. 이 성서 속에

계시된 사실들을 통하여 모든 분파는 다시 하나의 그리스도의 교회로 회복되어야 한다는 것이 캠벨의 주장이다.

4. 교파주의와 미국 교회의 상황

교파주의의 근원은 중세 교회의 권위주의와 인간에 대한 속박으로부터 벗어나려는 개인적 구원의 강조와 관련이 있다. 영국교회가 성공회와 독립교회 침례교회로 나눠진 것도 캔터베리 대주교에 저항한 청교도의 요구 상황과 맞물려 일어난 동시대적 분열상이다. 그리스도의 교회는 성직자 구조가 아니라 지역 회중의 자율권을 강조한 청교도들의 정신을 존중했다. 로크의 귀납적 경험론과 관용의 정신이 교파조직에서도 지역간의 차이를 넘어서는 이해와 증진의 철학으로 작용하고 있는 것이다. 이렇게 교파화 되어 가는 과정에서 미국은 국교의 설립을 금한다는 헌법을 채택했다. 따라서 미국은 여러 교파가 모여 들 수 있는 피난처가 되었다. 이는 영국이 교파적 성장을 조장했던 경우와 같은 맥락이었고, 독립 후 들어오는 이민의 물결 속에 여러 교파들이 함께 들어 왔던 것이다.

리차드 니버(Richard Niebuhr)는 〈교회 분열의 사회적 배경)이라는 글에서 교파주의가 단순히 신학적인 이유에서뿐만 아니라 국가적 심리상태나 사회 전통 혹은 문화유산이나 경제적 이해와 같은 사회적 요인이 교파주의의 성장을 촉진시켰다고 보았다. 교파주의의 또 하나의 결정적인 원인은 파벌주의(sectionalism)에 있다. 그 이유는 복합적이지만 경제적인 이유가 가장 크다. 동부의 상업주의와 제조업은 서부의 농업중심보다 상류의식의 종교적 생활을 유지했다. 서부가 개척자적인 정신으로 엄격한 윤리정신과 감성적인 종교적 측면이 두드러진 것이었다면, 동부는 전형적인 유럽식 종교 전통을 고수하면서 계급적이고 조직화된 사회 질서를 반영하는 체계화된 조직 교회의 모습을 보여주는 것이었다.

조나단 에드워드(J. Edwards 1703-58)나 조지 화이트 필드(G. Whitefield) 같은 자들이 주도했던 18세기의 대 각성운동은 개인적인 종교체험의 중요성을 강조하게 되었고 이 운동은 보수적인 장로교파에 충격을 주게 되었다. 장로교 내부에 갈등이 일어나게 되었을 때 이 갈등을 넘어서 몇몇 지도자들이 크리스천 교회를 세우게 되었다. 이들이 마침내 환원운동의 선구자들이 되었던 것이다.

5. 환원 운동의 선구자들

1) 바톤 스톤

환원운동의 선구자는 바톤 와렌 스톤(Barton Warren Stone, 1772-1856)이다. 스톤은 그에 앞서 미국의 신앙운동에 불을 붙였던 제임스 맥그리디(James McGready, 1760-1817)에 의해 크게 영향을 받았다. 맥그리디는 어거스틴 사상에 뿌리를 두고 인간의 죄와 하나님의 은총을 강조했는데, 특히 인간의 죄의 비참성과 도덕적 타락의 대가를 철저히 공격하고 천국의 기쁨과 지옥의 고통을 대비시켜 회심을 불러일으키는 설교를 주로 했다. 그의 설교에 영향을 받은 스톤은 다음과 같이 고백했다. "천국의 기쁨과 지옥의 비통을 주장하는 이런 진지함과 열정과 강력한 확신은 이전에는 결코 없었다. 나의 마음은 그에게 묶여 버렸고, 설명할 수 없는 느낌으로 천국과 땅과 지옥에 대한 그의 순환을 따르게 되었다. 그는 죄인은 그에게 지체 없이 다가올 진노로부터 달아나야 한다는 말로 결론을 맺는다. 이전에는 결코 상대적인 진리의 힘을 가져 보지 못했다. 이것이 나를 사로잡았다. 나는 큰 감동을 받았다."

맥그리디가 이끄는 캔터키 주 로간 카운티의 신앙부흥은

남부의 다른 지역까지 연쇄 반응을 일으켰다. 드디어 장로교회 목사였던 바톤 스톤 목사가 1801년 캔터키 주 케인리지에서 신앙부흥 집회를 개최하였는데 당시에 가장 큰 규모의 집회였다. 한 달 동안의 집회 광고 끝에 2만 5천명이 그의 작은 통나무 교회에 모여 미국 종교사를 바꾼 부흥의 물결을 일으켰다.

 스톤은 메릴랜드 주의 첫 개신교 주지사였던 윌리엄 스톤의 자손으로 태어났다. 구일포드 아카데미에서 신학을 공부한 후 어느 날 스톤은 성서를 읽고 기도를 하기 위해 숲으로 들어 갔다. 그곳에서 그는 두려움과 무감동에서 자유를 얻을 수 있었다고 한다. 그는 다음과 같이 고백한다. "나는 기꺼이 주님께 굴복하고 그의 발 아래로 내려갔다. 나는 주님을 사랑했다. 그리고 주님을 흠모했다. 나는 고요한 밤에 소리 높여 그를 찬양하였고, 그 소리는 작은 숲 둘레에 메아리쳤다. 나는 주님께 나의 죄와 그토록 오랫동안 말씀을 믿지 못하고 사람의 책략을 따랐던 어리석음을 고백하였다. 나는 이제 불쌍한 죄인이 처음으로 예수를 믿을 수 있게 된 것을 보게 되었다. 마침내 바로 지금이 믿을만한 때요 구원의 날이라는 것을 알았다." 이 사건을 계기로 스톤은 맥그리디의 칼빈주의와 사람의 책략을 따르는 것을 거부하였고, 회심의 상투적인 과정을 벗어났으며, 환원운동의 주요한 특징이 되는 순수한 성서 중심의 사고로 돌아갔다.

한편 미국 혁명 후 감리교의 지도자 중 한 사람이었던 제임스 오켈리(James O'Kelly)는 목사직 허가 절차에 관한 의견 차이로 공화제 감리교회를 세웠다가 몇 달 후에 크리스천 교회로 명칭을 바꾸게 된다. 이 때 그는 다음과 같이 선언한다. "오직 성서만이 유일한 신조이며 모든 목사는 동등하고 목사와 평신도 모두가 다 성서를 해석할 수 있고 각 집회는 완전히 독립적이다." 이 선언은 바톤 스톤의 사상에 중요한 영향을 끼치게 된 것이다.

환원 운동의 또 다른 초기 운동은 두 명의 침례교도에 의해서 시작 되었다. 엘리아스 스미스(Elias Smith)와 애브너 존스(Abner Jones)가 그들이다. 스미스는 1801년 벨몬트의 린던에서 크리스천 교회라는 이름의 교회를 세웠다.

이 단체의 목표는 1827년 〈대변자와 메신저(Advocate and Messenger)〉라는 잡지에서 그들의 입장을 밝히고 있다. "우리는 성서가 가르치는 바가 아닌, 어떤 다른 이름도 가지지 않는, 어떤 다른 신조도 규약도 고백도, 성서를 가르치는 어떤 다른 교회 규율도 없는 오직 신약성서에 기초한 그리스도교인들이다. … 모든 인간의 법과 비성서적 연합이나 동맹에서 자유로워지는 것이, 그리고 그리스도가 우리를 자유케 한 그곳에서 자유를 단단히 잡는 것이 우리의 목표다." 이 동부의 크리스천 교회는 1931년에 회중교회와 연합하게 되고, 30년 후에는 다시 그리스도의 교회와 연합을 이루는데 영향을 미쳤다.

이제 환원운동의 초기 사상가인 바톤 스톤의 사상을 요약해 보자. 바톤의 신학사상은 초기 그리스도교 신앙의 순수한 본질을 찾아 가고자 하는데 초점이 맞추어져 있다. 특히 회중 위에 군림하는 조직이나 신자들을 분리시키는 원인이 되는 신조를 거부했다. 신조들 가운데는 비이성적이거나 계시되지 않은 교리가 있다고 보고 이를 거부한 것이다. 심지어 그리스도의 희생으로 화해가 이루어졌다는 속죄 교리까지도 반대하였고, 그리스도는 하나님이 아니라 하나님의 아들이라고 함으로써 아리우스주의자라는 비난을 받기도 했다. 그는 반대하는 자들의 공격을 받았지만 논쟁을 삼갔는데 그 이유는 논쟁이 교회의 연합을 허문다고 보았기 때문이다. 다만 공격에 대한 답변으로써 그는 "하나님의 특성을 사랑하고 흠모하지만 그의 존재나 본질을 알지 못하기 때문이라"고 한다. 더구나 "그것은 계시되지 않았기 때문에 우리가 알 필요가 없다"고까지 말했다. 그는 웨스터민스터 신앙 고백문도 장로교파의 정체성을 유지시켜 주는 것이기도 하지만 그리스도교의 교회를 서로 배타적인 교회로 분열시키는 결과를 초래한다고 보았던 것이다.

  교회의 연합을 강조했던 스톤은 그 연합의 방법을 성서에서 찾으려 했다. 그것은 그리스도의 사랑과 진리를 바탕으로 한 것이었고, 구체적으로는 성서와 주와 세례 그리고 성령의 하나 됨을 강조했다. 성서의 하나 됨은 성서 해석의 독단적 위험성을 지적했고, 세례의 하나 됨에서는 물 속에서의 세례를 말한 것이었으며, 성령으로 하나 되어야 함을 강조한 것이다. 스톤은 모든 그리스도인들이 힘써 연합해야 함을 강조했다. 성령과 예수의 영의 결핍이 그리스도인들을 분열시키는 주된 원인이라고 보고 성령의 충만을 구하라고 했다. 스톤은 로크 철학의 영향을 받는 합리주의자였으므로 믿음도 합리적으로 이해하려고 했다. 다만 그 중에서도 계시와 같은 초월적 영역을 부정하지는 않았던 것이다. 이제 바톤 스톤 이후의 사상적 계보를 잇는 토마스 캠벨 부자의 사상을 살펴보자.

2) 토마스 캠벨

  토마스 캠벨 이전에 존 글라스(J. Glas), 로버트 샌드먼(R. Sandeman), 홀데인 형제(The Haldanes)들은 국가 종교에 반대함으로써 캠벨 부자가 이끈 환원운동에 간접적인 기여를 하였다. 특히 환원 운동은 홀데인 형제와 관계가 깊다. 환원

운동의 유명한 전도자인 월터스코트는 홀데인 형제에게 깊이
영향을 받은 조지 포레스트(G. Forrester)가 설립한 피츠버그
학교의 교수로 있었다. 이들은 모두 스코틀랜드 장로교의
사상을 지닌 자들 이었으나 모두 교회의 권위주의에 반항하고
그러한 교권적 그늘에서 벗어나려고 했던 자들이었다.

1712년 스코틀랜드 교회는 회중으로부터 그들의 목회자를
선임 할 수 있는 특권을 빼앗음에 따라 이를 반대하는 그룹이
분리교회(Seceders)를 형성하게 되었고 토마스 캠벨(T.
Campbell)도 이 교회의 일원이 되었다. 이는 일종의 '반 칼빈
주의 개혁'이라고 불리기도 한다. 토마스 캠벨은 1763년 아일
랜드 카운티다운에서 태어나 1783-1786년까지 글래스고 대
학에서 공부한 후 1788년에 아들 알렉산더 캠벨을 낳는다.
1807년 4월 캠벨은 부인과 일곱 자녀와 함께 미국을 향해
갔다. 분리교회 내의 불화를 치유하지 못한 실망감이 일차적
인 이유였다. 가난한 고향을 떠나 기회와 자유의 땅을 찾아
1807년 5월 필라델피아에 도착하였고, 7월에는 피츠버그에서
목회 자격을 얻었다. 그러나 몇 달 후 교회회의에서 정통성을
위반한다는 이유로 심각한 혐의로 기소되었다.

토마스 캠벨이 고소당한 몇 가지 이유를 살펴보면 다음과
같다.

첫째, 그리스도를 구세주로 인정하는 것은 구원하는 믿음의 본질 때문이 아니라, 믿음의 등급 때문이라고 주장한 것에 대하여, **둘째**, 신앙 고백의 언어는 신으로부터 부여받은 것이 아니라는 주장, **셋째**, 장로의 직무는 목회자가 없는 모임에서 회중 앞에 기도하고 권고하는 일이라고 주장한 것, **넷째**, 반대 의견을 표시하는 목사의 증언을 듣는 것도 중요하다는 것, **다섯째**, 예수는 백성을 대신하여 형벌을 받지 않았다는 주장, **여섯째**, 누구든지 생각과 말과 행위에서 죄 없이 살아 갈 수 있다고 주장한 것, **일곱째**, 정식 초빙과 선임 없이도 목사들이 있는 집회에서 설교했다는 이유다. 캠벨 자신은 다섯 번째와 여섯 번째의 혐의에 대해서는 수긍 할 수 있지만 다른 견해는 수긍 할 수 없다고 했다. 이 가운데 서 첫 번째 혐의는 캠벨을 미국 개척지에서 다른 종교 집단들과 분리하게 하는데 결정적인 요인을 제공한 것이다. 예컨대 믿음은 확신을 가지고 믿는 것이어야 하며 그 확신은 신비적인 감정이 아니라, 높은 수준의 이성적 영역에 속하는 것이라고 보았기 때문이다.

신앙고백과 관련한 두 번째 조항의 혐의는 보다 직접적인 것으로, 이것은 미국 환원운동 이념의 중심이 된다. 이러한 이유 등으로 인해 캠벨은 1808년 2월 12일에 차아티어즈 장로교회로부터 목회 금지라는 명령을 받게 된다. 캠벨은 미국 분리교회의 최고 재판소인 북미총회에 항소했지만 거부되었다. 하지만 총회측은 캠벨이 주장을 포기 할 경우 처벌도 철회 할 것을 약속했다. 몇 주 후 노회와 캠벨은 완전히 분리되고 말았다. 목회지에서 내 쫓기고 가족과 헤어지는 짧은 기간 동안 외로움을 느꼈지만 한편으로는 독자적인 공동체의 중심에 서있음을 알게 되었다. 1809년 여름 아브라함 알타즈(Abraham Altars)의 집회에서 동역자들과 두 가지 중요한 결정을 하게 된다. 하나는 **"성경이 말하는 곳에서 말하고, 성경이 잠잠한 곳에서는 잠잠하라**(Where the Scriptures speak, we speak and where the Scriptures are silent, we are silent)"는 것이다. 이는 곧 신앙의 자기 확신이 없는 유아세례의 반대를 분명히 하는 것이기도 했다.

두 번째 결정은 8월 버팔로크릭의 상류에서 〈워싱턴 기독교 연합〉이라는 이름으로 정기적인 연합체를 구성하게 된다. 이 때 캠벨은 '선언과 제언(Declaration and Adress)'을 쓰게 된다. 이는 환원 운동의 근본 사상이 되는 것이며 스프링필드 장로회의 최후의 증언과 유언과 함께 환원 운동의 주요문서가 되고 있다. 이는 첫째 장에서 그리스도교회 연합체 구성의 목적과 이유를 밝히고 있고, 둘째 장에서 그리스도교의 연합에 대한 논쟁을 다루며 세 번째 장은 부록으로 오해를 막기 위해 진술한 해명서다. 3개월 후에 연합 계획을 위한 방안이

추가 되었다. 이 선언에는 기본적으로 네 가지의 중요한 이념이 실려 있다. 하나는 개인적인 판단의 정당성, 둘째, 개인적인 판단의 정당성은 성서에 근거하고 있다. 셋째, 분파적인 분리에 대한 책임이다. 넷째, 분리는 인간의 의견 때문이며 그 해결책은 성서에 있다는 것이다.

이상에서 볼 수 있었듯이 캠벨의 가장 특징적인 개신교 정신은 개인적 신앙과 신조에 따르는 신학적 신앙을 철저히 구분했다는 점이다. 그리고 개인적 신앙은 이성을 존중하는 것이었다. 캠벨의 사상이 합리주의자 로크의 영향을 많이 받고 있다는 증거이기도 하다. 실제로 로크는 교회를 자유롭고 자발적인 교회로 정의 했을 뿐 아니라, 성서의 적절한 해석 또한 단어와 구절의 명확하고도 직접적인 의미를 찾아내는 것이라는 점에서도 드러난다. 이는 오히려 종교개혁의 정신에서 보다 한걸음 더 진 일보한 것이라는 평가를 받기도 한다. 로크와 캠벨은 궁극적으로 지향하는 목적이 달랐지만 신앙을 이성적으로 판단하는 문제에 관해서는 공통된 점이 있었다. 그들은 인간의 추론을 배제하고 오직 성서의 명확한 명령에 따라 실행되는 그리스도교회를 추구했던 것이다. 이렇게 될 때 교회의 분리도 사라질 것이라는 확신을 가졌다. 그리고 일치를 위한 바탕으로서는 신약성서와 초대교회가 모범이 되고 있다. 이로써 환원 운동은 교파주의를 배격하는 대신 그리스도 교회의 통합을 이루는데 힘쓰고자 했다.

3) 알렉산더 캠벨

토마스 캠벨이 분리파 교회회의에서 복귀된 후 그의 아들 알렉산더 캠벨은 1808년 10월에 미국으로 가기로 결심하고 런던데리를 출발하였지만 배는 난파되어 헤부리디스 제도의 해안선에 도착했고 캠벨가족은 글래스고에서 겨울을 나기로 했다. 알렉산더 캠벨은 글래스고에서 고전 과목을 수강하면서 그리스어, 라틴어, 논리학, 문학, 프랑스어 그리고 신약성서를 익혔다. 그 후 1809년 알렉산더 캠벨 가족은 글래스고를 떠나 뉴욕과 필라델피아를 지나 서부로 향하는 길에서 그의 부친 토마스 캠벨을 만난 후 서로가 분리교회를 떠나 하나 된 그리스도의 교회를 찾고 있다는 결론에 이르게 된다. 알렉산더는 아버지가 작성한 '선언과 제언'이라는 글을 읽고 그의 뜻에 동의한 후 일생을 목회에 전념하기로 다짐했다.

1810년 토마스 캠벨은 장로교회로부터는 뛰쳐나왔지만 워싱턴 그리스도교 협회의 대표자가 되어 피츠버그 교회회의에서 교회들과의 교제를 위해 다시 노력했다. 그러나 피츠버그 교회회의에서는 캠벨 부자의 사상을 받아들이기를 거부했다. 이에 따라 알렉산더 캠벨은 교회회의의 거부와 비판에 따른 응답으로써 달변가가 되어 환원사상을 더욱 발전시키는 계기가 되었다. 1811년 5월 모임에서 캠벨부자는 펜실베이니아 서부 지역의 서부 이름을 따서 부러쉬런 교회를 설립하고 네 명의 집사 선출과 함께 토마스 캠벨은 장로로 선임되고 알렉산더 캠벨은 설교를 맡게 되었다. 이것은 모두 교회의 회중의 뜻에 따라 조직되었고 주의 만찬은 매주 주일에 거행되었다. 알렉산더 캠벨은 설교 자격을 얻은 지 7달 만인 1812년의 첫날에 목회자로 임명 되었다. 캠벨부자에 따르면 성직자와 평신도 사이에는 본질적인 차이가 없고 평신도도 설교할 수 있다는 확신이 반영된 것이다.

1812년까지 캠벨부자에게 침례에 관한 것은 큰 문제가 아니었으나, 그 해 3월 13일 알렉산더의 첫 자녀 제인의 생일에 근처에 사는 침례교 목사 마티아스 루스(Matthis Luce)에게 그의 딸에게 침례를 집례해 주기를 요청했다. 이는 알렉산더가 세례의 헬라어 어원은 오직 침례로만 번역 될 수 있음을 알게 되었기 때문이다. 1812년 6월 12일에 알렉산더와 루스 목사는 침례에 대한 버팔로 신조를 작성하고 그 날에 7명이 침례를 받게 되었다. 토마스 캠벨 부부와 알렉산더 캠벨 부부 그리고 알렉산더의 누이와 부러쉬런교회 교인 두 명이었다. 이 침례는 비록 단순한 사건이었지만 환원 운동사에서 전환점을 이루는 아주 중요한 사건이었다. 알렉산더가 침례를 받아

들이도록 아버지에게 권유했을 때 토마스는 이를 명쾌히 받아
들였는데 이는 환원운동의 지도자 계승을 암시해 주는 것이기
도 했다. 지도자의 위치는 빠르게 알렉산더 캠벨에게 계승되
었고 토마스는 원로의 자리에 들어갔다.

　환원 운동의 두 추진력인 일치와 진리는 두 부자의 사상에서
비롯된 것이지만 아직 완전한 해결을 보지 못한 채 남아 있다.
하지만 초기 그리스도교 신앙의 회복이라는 강력한 메시지는
여전히 환원 운동을 떠받치는 기둥이 되고 있다. 알렉산더
캠벨은 토마스가 제시한 〈선언과 제언〉의 행동 지침을 그대
로 받아들이는 데는 주저하였다. 다만 침례의 문제만은 신약
교회의 회복이라는 신념 하에 확실하게 주장하게 되었고 이로
인해 오히려 부러쉬런교회 교인들은 요동치 않고 더욱 결속력
을 보이게 되었다. 이것이 알렉산더가 개척지에서 얻은 성과
가 되어 알렉산더의 명성은 더욱 높아 갔고 향 후 25년 동안
환원운동의 논쟁으로 더욱 가속화 되었다. 침례의 주장과
함께 캠벨부자와 교인들은 침례교 협의회에 가입한 상태였고
침례교인이 되었지만 완전히 동화되지는 않고 여전히 긴장관
계는 있었다. 장로교회에서 떠나온 이들 캠벨 부자는 침례교
회와의 연합을 통해 그리스도교회의 일치와 신약교회의 회복
이라는 자신들의 주장에 어느 정도 다가 갈 수 있음을 기뻐했
던 것이다.

1816년 알렉산더 캠벨은 '율법에 관한 설교'를 하였는데, 이는 환원운동에 있어서 가장 유명한 역사적 문서중의 하나가 되었다. 그 이유는 환원사상의 원숙함에서가 아니라, 침례교 분열의 원인과 환원신학을 뚜렷이 구별되게 해 준다는 의미에 서다. 로마서 8장 3절에 기초한 것인데, "말은 이념이나 사상 의 기호다(Words are signs of ideas or thoughts)"라는 로크주의자의 명언으로 시작한다. 캠벨은 '율법'이라는 말에 특별한 관심을 기울이며 율법을 상징하는 모세의 법도 결국은 신약성서가 가르치는 대로, "네 힘과 정성과 마음과 영혼을 다해 주 하나님을 사랑하라. 그리고 네 이웃을 네 몸같이 사랑하라"는 것으로 대치되고 있다는 것이다. 따라서 캠벨은 신약성서의 기준으로 모세의 법을 판단한다. 캠벨은 율법과 복음 사이에는 본질적인 차이가 있기 때문에 복음을 전하기 위해선 율법에 대한 설교를 할 필요가 없다고 말한다. 이러한 견해는 당대의 침례교 신학과 반대되는 것이었다. 구약성서 의 순응을 거부하는 캠벨의 급진적인 사상은 그를 따르는 '그리스도인들'과 침례교도 사이에 긴장관계를 조성했다.

이제 알렉산더 캠벨의 신학사상의 주요한 부분을 요약해 보면, 앞에서 살펴보았듯이 믿음과 세례와 회심에 관련된 것이다. 믿음에 대한 캠벨의 사상은 『기독교 체계 Christian System』라는 책의 '그리스도교 연합의 토대(Foundation of Christian Union)'라는 제목에서 발견되는데, 여기서 그는 인간적인 신조를 불신하고 그 자리에 성서를 대신하기를 원했다. 그는 믿음에 대해 주지주의(主知主義)적 견해를 가지고 있었는데, 계시 또한 견해가 아니라 행해진 어떤 사실에 근거하고 있다고 보았다. 복음은 예수 그리스도의 탄생에서 승천에 이르기까지 그의 말과 행동을 기록한 것이다. 이 복음은 인간의 영혼에 하나님의 형상을 씌운 도덕적 확증이라고 하면서 믿음의 지적 특징을 드러낸다. 이 지적 능력에 도덕적 확증까지 전달하는 것이 증언이다. 이러한 견해에 따라 캠벨은 믿음과 증언의 관계를 다음과 같이 설명한다. "증언이 없다면 믿음이 없다. 믿음을 위해서는 오로지 믿음에 대한 증언이 있어야 한다. 증언이 있는 곳에 믿음이 있고, 증언이 그치면 믿음은 그친다. 믿음은 증언을 진리로 받아들이거나 또는 증언을 믿는 것에 지나지 않는다. 그러므로 글로써 씌어진 증언을 역사라고 부르게 된다." 이 진술에 따르면, 믿음은 증언을 진리로 받아들이는 것이기 때문에 믿음은 인식의 확장이다. 그는 믿음의 유효성이 우리가 지닌 믿음의 본질에 있는 것이 아니라, 진리를 믿는 것에 있다고 설명한다.

회심 또한 믿음과 관계가 깊다. 믿음이 사실에 관계하듯, 회심도 사실에 관계한다. 왜냐하면, 마음의 구조에 변화를 일으키는 과정이 사실에 근거하기 때문이다. 그래서 믿음과 회심은 중요한 인과관계를 가진다. 마음의 변화는 개심의 과정에서 마지막 단계다. 사실에서 출발하여 증언에 이르고 증언에 따라 믿음을 가지며 그 믿음을 토대로 마음의 구조에 변화를 겪는 회심에 이르기 까지 전체는 하나의 사실적 전후 연관관계를 지닌다. 이것이 알렉산더 캠벨이 미국 개신교 신학에 끼친 가장 큰 공헌 중에 하나다. 그리스도교의 기본적 신앙의 초석은 "예수는 그리스도이다"라는 고백에서 시작된다. 이 사실을 믿고 세례를 받아 구원을 얻으나, 이 때의 믿음은 강요에 의해서가 아니라 전적으로 자발적이라는 점이다. 그런 점에서 믿음을 얻기 위해 따로 기도 할 필요는 없다는 것이 캠벨의 주장이다. 믿음을 얻기 위해서는 다만 편견 없이 증언을 받아들이는 일이 필요할 뿐이라는 것이다. 미국의 개척지에서는 이미 회심 이후에 믿음이 선물로 주어진다는 전승을 지니고 있었으나, 캠벨은 이의 순서를 뒤바꾸어 믿음 이후에 회심이 마지막으로 주어진다는 결론을 주장한 것이다. 그러므로 **캠벨에게서 믿음은 회심의 시작이다.** 캠벨은 개척지에 만연했던 주정주의(主情主義)를 반대했는데 이것도 로크의 감각론(感覺論)적 경험주의와 사실주의적 경향에 힘입은 것이라고 볼 수 있다. 그러므로 회심도 단순한 느낌의 산물이 아니라 사실적 마음의 변화를 거치는 것을 의미했다.

세례의 문제에 대하여는 앞에서 여러 차례 반복하여 진술하였는바, 여기서는 분리파 장료교회의 목사였던 존 워커(John Walker)와의 논쟁을 통해서 그의 견해를 살펴보기로 하자. 워커는 할례와 세례 사이의 유사성을 주장함으로써 유아세례와 물 뿌림을 긍정적으로 주장했다. 할례는 유대인을 위한 옛 계약이고 세례는 그리스도인을 위한 새 계약이라는 연속성을 주장한 것이다. 이에 대해 캠벨은 두 계약사이의 분명한 차이점을 '율법에 관한 설교'에서 논박하고 있다. 세례는 예수 그리스도의 명령에 따라 세워진 규정이고 그 행위는 아버지와 아들과 성령의 이름으로 물 속에 잠기는 것이며, 세례의 대상은 유아도, 어른도, 남자도 여자도 아닌 회개한 신자들이다. 이는 세례의 대상들이 믿음을 가지고 자신의 죄를 회개한 자들이다. 그러므로 세례의 의미는 죄의 용서를 위한 것이 된다. 이는 세례를 통해서 신분의 변화가 일어났음을 의미하는 것이기도 하다. 세례는 관념적인 효용성이 있는 것이 아니라, 예수의 피를 믿고 하나님 앞에서 거짓 없는 회개가 선행되어야만 효용이 있는 것이다. 그러므로 사실에 입각한 증언을 통하여 믿음을 얻게 되고 그 믿음을 통하여 회심하고 세례를 받는 일체의 행위가 캠벨에게서는 사실적 효용을 갖는 것이다.

비록 캠벨의 이 같은 사상이 당시에 논쟁을 불러일으키는 것이기는 했지만 한편으로는 동시대인들에게 새롭게 영향을 끼쳤던 것도 사실이다. 그럼에도 불구하고 환원운동은 미국의 개신교계에서 주류로 취급되지 않았고 오히려 이질적이고 급진적인 사상의 한 흐름으로 파악되었던 것이다. 1823년 8월에 캠벨과 30명의 지지자들은 부러쉬런교회를 탈퇴하여 오하이오강 근처의 버지니아주 웰스버그에 새로운 교회를 설립하고 마호닝 침례교 협회에 입회하게 된다. 캠벨이 침례 교인으로 남고자 한 이유는 그가 분파주의를 반대했고, 새로운 파를 형성하는 것을 원치 않았기 때문이다. 캠벨은 1816년에 '율법에 관한 설교'를 발표한 이후 1830년 침례교회로부터 분리 될 때까지 그의 급진적 사상을 〈크리스천 뱁티스트〉라는 잡지를 통해 유포했는데, 거기에서 현대 분파주의가 지닌 지방 특유의 근본적 오류를 지적하고 있다. 대표적인 세 가지 지적은 첫째, 신조를 정통 규범인양 사용하는 것, 둘 째, 성직자에 의해 권위가 비성서적으로 사용되는 점, 셋째, 교회내부의 허가되지 않은 조직에 대한 것이다. 첫 번째 조항은 이미 여러 차례 언급된바 있고, 둘째 조항은 특히 당시에 캠벨이 '성직자와 평신도'에 대한 근본적인 차이가 없음을 말하면서 권위적인 '성직자'에 대해 공격했던 내용이다. 성직자에 대한 비평은 셋째 조항의 교회 조직과 관련되는 것이기에 더욱 중요한 것이었다. 이 밖에도 성서에서 언급되지 않았다는 이유로 교회에서 오르간을 사용하는 것까지 금지하게 된다.

그 대신 초대교회가 인정했던 모든 것을 지지했다. 예컨대 매주 떡을 떼는 것이나, 공적 예배의 단순한 형식, 장로와 집사의 돌봄 속에 각 교회가 독립을 가지는 것 등이다. 일치를 주장했던 캠벨도 침례 받지 않은 자들과의 교제를 거부한 것처럼 '배타주의적인 교제'를 보인 것이 사실이다. 이에 대해 캠벨은 오히려 주께서도 제자들을 '흩어지게 했다'는 점에 초점을 두고 사제직과 세속 제도를 본받게 되는 교회연합체는 반대했던 것이다. 그런 점에서 '일치'의 문제는 여전히 숙제로 남아있다.

4) 월터 스코트

환원 운동사에 결정적인 기여를 한 네 번째 인물은 에딘버러 대학에서 수학한 월터 스코트(W. Scott, 1796년 출생)였다. 그는 1818년 미국 뉴욕 주에 있는 숙부를 찾아갔고, 이듬해 피츠버그로 가서 교사직위를 얻는다. 로버트 리차드슨의 알렉산더 캠벨에 대한 전기를 살펴보면, 캠벨과 스코트의 인물과 성격이 대조적으로 묘사되고 있다. 캠벨이 지성적이라면 스코트는 감성적이고 캠벨이 단호하고 적극적이었다면 스코트는 소극적이고 내성적이며 융통성이 있어서 서로가 잘 보완적인 관계에 있었다고 평한다.

월터 스코트의 가르침은 단순했다. 믿고, 회개하고, 세례받고, 죄를 회개하면 성령을 선물로 받는다는 다섯 가지 단계를 가르친 것이다. 이를 어린이들에게도 다섯 손가락을 하나씩 접으면서 가르쳤다. 이는 스코트가 회중 앞에서 설교하고 세례를 줄때 언급했던 사도행전 2장 38절의 내용과 일치하는 것이었다. "베드로가 가로되 너희가 회개하여 각각 예수 그리스도의 이름으로 세례를 받고 죄 사함을 얻으라. 그리하면 성령을 선물로 받으리라." 실제로 스코트는 이 본문을 통해 많은 사람들을 회개케 하고 세례를 주었다. 전기 작가 리차드슨에 따르면 "1827년 11월 18일은 처음으로 초대 교회에서 행했던 것처럼 그 세례가 완전히 실현 되었다." 이것은 환원운동가들이 주장한 옛 질서의 회복이었다. 토마스 캠벨 부자가 초기 기독교 신앙으로의 회복을 위해 그리고 교회의 일치를 위한 신학적 원리를 발전시켰다면, 월터 스코트는 사람들이 교회로 모여들게 하는 방법을 발전시켰던 것이다.

1830년 이후에는 침례교회로부터 환원운동의 기치를 들고 개혁을 지지하는 자들이 분리되어 나오게 되는데 이들이 제자교회나 그리스도의 교회라는 새로운 교파를 형성하게 되었다. 환원 운동을 추종하는 세 부류의 명칭인 '그리스도의 교회(Churches of Christ), 크리스천 교회(Christian Church), 그리고 제자 교회(Disciples of Christ)'는 토마스 캠벨과 월트 스코트가 '크리스천'이라는 이름을 지지한데 비해 알렉산더는 '제자들'이라는 개념을 더욱 중요시 했던 데서 기인한다. 역사 학자들에 따르면 켄터키 주의 절반 이상의 침례교회가 이 새로운 교파의 제자 운동을 따랐다고 한다. 침례교 측에서는 잊을 수 없는 상처가 된 셈이다. 월터 스코트의 복음주의와 침례교로부터의 분리는 환원운동의 역사적 전환점을 이루었다. 이제는 하나의 독립된 종교집단으로 발전한 것이다. 사상의 해석에서 조직체의 발전으로 변화 된 것이다. 이 변화의 최전선에 알렉산더 캠벨이 있었고, 〈크리스천 뱁티스트〉를 폐간하고 다시 더 폭넓은 대중지로서의 〈천년왕국의 선구자, Millennial Harbinger〉라는 잡지를 새롭게 간행한다.

1840년대에 이르러서 환원운동은 내부적인 분열이 있었음에도 불구하고 하나의 커다란 종교 단체가 되어 전 미국 속으로 번져 갔다. 동시에 환원 운동이 주장하는 기본적인 주장인 성서적 복고주의와 침례 등의 여타의 모든 가르침은 서로 내면적인 일치를 가지면서 발전해 갔던 것이다. 그러면서 동시에 1840년대 이후의 교인 수의 증가와 조직의 성장 그리고 늘어나는 지식의 발전은 오히려 일치 보다는 분열의 원인이 되었고, 예배에서 악기 사용의 문제 또한 내부적인 분열의 커다란 원인이 되었다. 이 밖에도 분열에는 사회적 원인이 있었는데, 협회 내부의 정치 경제적 요인도 있었지만 결정적인 것은 남북전쟁이 분열의 원인으로 작용했다. 1850년대에 이르러 교회를 분리시키는 자들은 노예제도 지지자들이 아니라, 급진적인 폐지론자들이었다. 폐지론자들은 새로운 선교 단체를 세우고 정기 간행물을 발간하여 많은 교회들의 공감을 불러 일으켰다. 1863년 미국 기독교 선교 단체의 회합에서 북부의 급진주의자들이 승리하였고, 남부의 지도자들은 전쟁으로 인해 신시내티의 대표자 회의에 참석할 수도 없었던 것이다.

비교적 시골의 교인 수가 많았던 남부의 그리스도의 교회(교인 중 57%가 시골인)와 도시인이 많았던 북부의 제자 교회(교인 중 63%가 도시인)가 서로 분열되게 된 배경에는 파벌적이고 정치 경제적인 요인이 있었다. 대체로 제자교회는 북부 도시에 있었고, 부자들로 구성되어 대형 교회 건축물을 지을 수 있었으며 목회자 교육을 위한 대학을 지원했다. 이들은 또한 상인 그룹이 주종을 이루었다. 반면에 남부의 그리스도의 교회는 시골에 위치한 이유로 작고 수수한 교회를 지을 수밖에 없었다. 더욱이 그들은 전문적인 목회자를 육성한다는 이유로 신학적인 교육을 반대하였다. 이들 제자 교회와 그리스도의 교회의 분열은 이와 같이 지식적인 그리고 사회 정치적인 또한 지리적인 배경이 종합적으로 영향을 미치면서 환원 운동 내부에서의 분열로 고착화 되었던 것이다. 이상에서 환원 운동의 역사와 뿌리 그리고 그 발전 과정을 분리의 과정과 함께 종합적으로 검토해 보았다.

6. 환원 신앙의 근거로서의 성서

이처럼 성서에는 하나님의 위대한 말씀과 구원 행동에 대한 메시지가 있는데 하나님께서는 성서의 그러한 말씀과 구원 행동을 통해 교회의 의의를 갖게 하신다. 성서를 통해 우리의 신앙은 본래의 근원적 계시와 접촉하며, 성서가 없이는 신앙의 본질이 드러나지 않는다.

성서의 이야기를 통해 우리는 참된 평안을 얻으며 이는 초대 교회 신앙인들이 성서의 말씀을 사모하며 그 안에서 신앙의 참 본질을 이해한 것에서도 찾아볼 수 있다.

그러나 현대인들은 성서에서 신앙의 참 본질을 잃어버리고 그 중심에 계신 하나님을 향한 열망이 그들에겐 점차 희미해져가고 있다. 이 같은 현상은 교회가 영적으로 침체되고 성서 중심의 순수한 신앙을 상실하고 있기 때문이기도 하다. 그러므로 성서의 기본 원칙으로 돌아가는 환원 신앙이야말로 교회를 진정 새롭게 갱신하는 노력의 출발점이라 할 수 있을 것이다.

마르틴 루터는 "하나님의 말씀에 조화되지 않는 것이라면 교회로부터 물리치고 없애버려야 한다"고 과감하게 선언하였다. 교회를 새롭게 하는 것, 즉 교회의 개혁과 갱신은 이 시대의 교회가 성서에서 이탈되었음이 깨닫는 데서 시작된다.

'성서로 돌아가자'라는 슬로건을 내세우며 환원 정신을 고취시켰던 초기 환원 운동가의 한 사람인 감리교 목사 제임스 오켈리(J. OKelly)는 1794년 버지니아에서 다음과 같은 선언문을 발표했다. 첫째, 성서는 우리의 유일한 신조이며, 믿음과 행함에 대한 완벽한 규범이다. 둘째, 성서는 그리스도인의 품성과 살아 있는 믿음, 그리스도인들 간의 화목을 위한 유일한 신조이다. 셋째, 성서는 모든 각 개인의 판단과 특권, 의무를 담고 있다.

한편 환원 운동의 초기 중심인물이었던 바톤 스톤(Barton W. Stone)은 자신이 조직했던 스프링필드 장로회가 비성서적임을 깨닫고 "스프링필드 장로회의 최후의 증언"이라는 글을 발표하여 성서에 대한 자신의 입장을 피력했다. "지금부터 사람들이 성서를 천국으로 인도하는 유일하고 성실한 안내자로 받아들일 것과 많은 사람들이 성서에 필적하는 다른 책들로 피해를 입기 때문에 그 책들을 불속에 던져 버릴 것을 유언한다. 한 책을 가지고 생명에 들어가는 것이 많은 책을 가지고 지옥에 던져지는 것보다 낫기 때문이다."

이와 같은 생각을 가진 바톤 스톤은 예수를 주님으로 믿는 모든 사람들에게 주어지는 명칭 가운데 특별히 '그리스도인'이라는 명칭이 교파와 교단을 초월하여 공통적으로 부를 수 있음을 자랑스럽게 여겨 이 명칭을 사용하자고 제안하기도 했다. 뿐만 아니라 그는 "일인 혹은 다수의 대표에게 교회의 치리권을 위임하지 않을 것"(스프링필드 장로회의 유언 문서)"을 유언함으로써 조직적이고 권위적인 감독직을 거부했다.

영국 분리교회의 장로교 목사였던 토마스 캠벨(Thomas Campbell)도 『선언과 제언』이라는 글을 통해 환원 운동의 중심은 신약성서라고 밝히면서, "신약성서가 신약성서 교회의 예배와 징계와 치리를 정한 완전한 헌법"이므로 신약성서 이외의 어떤 것도 믿음 혹은 교회의 예배에 유입되어서는 안 되며, 그리스도인들 사이에 교제의 시금석으로 삼아서도 안 된다고 주장하였다. 그는 또한 동역자 가운데 한 사람이었던 조셉 브라이언트(J. Bryant)와 함께 세례의 방식을 연구한 끝에 성서적 세례는 침수 세례라고 확신하고 모든 세례 교인들은 초대 교회와 같이 물속에 들어가서 장사지낸바 되어야 한다고 주장했다.

환원 운동의 실제적이고 가장 체계적인 기틀을 마련한 알렉산더 캠벨(A. Campbell)도 그의 아버지인 토마스 캠벨의 영향으로 그리스도교 전통과 권위의 기초를 성서라고 주장했다. 그는 많은 사람들이 성서보다는 다른 교회의 전통 때문에 분열과 다툼이 일어난다고 보았다. 특히 그도 신약성서 외의 다른 전통을 과감히 포기할 것을 제안했다. 세례 방식도 아버지 토마스 캠벨의 제안을 따라 침수 세례의 정당성을 주장했다. 뿌리는 세례(sprinkling)나 붓는 세례(pouring)가 아니라 '침수 세례(immersion)'가 성서적이며 본질적이라는 것이다. 세례와 관련한 또 한 가지 사례로서 중요한 것은 유아 세례의 정당성에 관한 것으로 그는 유아세례를 거부했다. 세례는 믿는 자의 신앙고백을 기초로 한 세례가 되어야 한다고 생각했기 때문이다.

알렉산더 캠벨은 〈크리스찬 밥티스트〉라는 잡지를 발행하여 1825년 2월 호부터 1825년 5월호까지 "초대 교회로의 환원을 위한 지침"을 발표했다. 그는 이 글에서 초대 그리스도인들이 사용하지 않았던 것들을 지금도 사용한다면 그것을 포기하자고 했던 것이다. 이를테면 인위적인 신조나 여타의 신앙고백 등 비성서적인 용어나 신학적 이론은 초대 교회에서 볼 수 없는 것들로서 교회 분열과 세속화의 원인이 되기 때문에 이를 버려야 한다는 것이다. 그에 의하면 "신조는 단지 당파가 존재하기 위해서만 필요한 것"이었다. 그는 또한 성직자들의 교권주의를 들어 반대했는데 그런 점에서 목회자의 명칭에 대해서도 '레버렌드(Reverend)'나 '박사(Doctor)'라는 호칭을 사용하는 것도 거부했다. 성서적 전통에 위배되는 것으로는 이 밖에도 인간의 이성적 능력을 강조하는 자연종교와 인간적 체계로 형성된 전통종교라고 보고 이를 배척했다.

토마스 캠벨은 교회의 유일한 전통은 신약성서뿐이라고 한 점에 대해 그의 아들 알렉산더 캠벨은 "전통이나 신조가 신구약 이상으로 믿음과 행위의 표준이 될 수 없다"고 말함으로써 교회의 전통을 신구약성서로 확대 수용하는 것을 알 수 있다. 그리고 그리스도교의 신학을 나름대로 체계화한 『그리스도교의 체계』의 재판본에서 "우리는 모든 그리스도교의 일치와 교제의 기초로 성서를, 전적으로 성서를, 그리고 오직 성서를 채택한다"고 주장하였다. 이와 같이 바톤 스톤이나 토마스 캠벨 그리고 그의 아들 알렉산더 캠벨로 이어지는 환원 운동은 교회 분열의 원인이 되는 다양한 전통들을 제거하고 오직 성서의 가르침으로 돌아가서 교회의 일치를 이루고자 했던 것이다.

알렉산더 캠벨은 성서적 신약교회로 돌아가기 위해서는

'성서의 방법', '성서가 말하는 일', '성서의 이름'을 회복해야 교회의 일치를 이룰 수 있다고 보았다. 그것이 '침수세례'였고, '주의 만찬'이었다. 특히 주의 만찬은 끊임없이 상시 행해야 하는 신약성서의 명령이므로, 매주 예배 때마다 행해져야 한다는 것이다. 그러나 성만찬도 최소한 간소하게 진행되어야 하며 "주는 그리스도시오 살아계신 하나님의 아들이시니이다."(마태복음 16:16)라는 베드로의 고백을 기초로 하는 것이어야 한다고 주장했다. 교회 내의 행정적인 문제에 관해서는 신약성서에 비추어볼 때 어떤 감독 제도도 수긍할 수 없고, 다만 "각 회중은 자체 내의 장로와 집사들에 의한 조직을 갖추되 몸은 상호의존적이어야 하며, 믿음을 가진 다른 교회들과 교제를 가져야 한다"고 했다. 그런 점에서 알렉산더 캠벨은 환원 운동으로 또 하나의 교파가 형성되는 것에 대해서는 반대했다. 오직 그가 바란 것은 성서가 증언하는 대로 완전하고 흠 없으신 하나님이 계시해 주시는 신약 교회로의 회복이었다.

닫는 말

　지금까지 우리는 그리스도교의 중심적인 가르침이 되는 신학의 기본 내용들을 차례대로 고찰해 보았다. 신학을 처음 대하는 사람들을 위해 가급적 이해하기 쉽게 저술하려고 노력했지만 경우에 따라서는 다소 딱딱하고 어려운 부분도 있으리라 생각된다. 그것은 신학 내용 자체의 어려움 때문이기도 하겠지만 필자의 역량이 부족한 탓이라고 생각한다.

　신학의 중심 주제는 하나님, 그리스도, 성령, 그리고 교회와 인간, 구원 및 종말 등에 관한 내용이다. 이러한 중심 내용을 토대로 신학은 지난 2천 년 간 다양하게 전개되어 왔다. 이른바 같은 개념이라 할지라도 해석자의 입장에 따라 진보적, 자유주의적인 해석, 또는 전통적인 보수주의적 해석으로 갈라지게 된다. 하나님에 대한 논의 하나만으로도 포이에르바흐, 마르크스, 엥겔스 같은 이들의 무신론적 해석에서부터 화이트

헤드 같은 철학자들의 과정신학적 해석, 혹은 스피노자와
같은 범신론적 해석 등으로 다양하게 전개된다. 하지만 본서
에서는 신론뿐만 아니라 여타의 신학 개념들 모두에 대해
기존의 전통 신학적인 해석의 범주를 넘어서지 않고 성서적
입장에서 검토해 보았다.

　지금까지 논의된 고찰을 통해 우리는 다음과 같은 이해를
얻게 되었다. 하나님은 누구이고 인간이란 무엇인지, 예수와
성령은 무엇인지, 교회와 구원, 그리고 성서는 무엇인지, 우주
적 종말은 또 무엇인지가 그것이다. 이러한 문제는 모든 그리
스도인들이 피할 수 없는 것들이며, 비그리스도인이라 할지라
도 한 번쯤은 깊이 생각해 보아야 할 주제들이다.
　이 세계는 과연 하나님께서 창조하신 것인가, 아니면 우연의
산물인가라는 근본적인 물음에서 시작되는 것이기 때문이다.
창조주 하나님을 믿는 순간 우리는 하나의 유신론적 신념
체계를 형성하게 된다. 그리고 이에 따른 또 하나의 독특한
세계관과 인생관이 형성되기 마련이다. 창조된 세계는 성서
의 진술을 따르면 신음하고 있다. 인간을 포함하여 지구 전체
가 환경의 공해 등으로 인해 몸살을 앓고 있다. 피폐해진
인간 영혼의 구원뿐 아니라, 전 지구적 구원이 필요하기에
이르렀다. 여기에는 하나님과 세상이라는 하나의 중요하고
긴밀한 관계가 있고, 그 관계를 어떻게 풀어갈 것인가 하는

문제도 뒤따른다. 이른바 하나님은 세상의 문제를 어떻게 해결할 의지를 가지고 있으며, 인간은 하나님의 뜻에 어떻게 반응해야 하는가 하는 문제가 남게 된다.

하나님이 세상의 문제를 푸는 방식을 우리는 하나님의 구원 의지라고 말할 수 있다. 세상을 영원히 멸망시키려는 것이 하나님의 근본 의지가 아니라, 세상을 영원한 멸망에서 구하는 것이 하나님의 근본적인 의지라는 것을 우리는 성서를 통해서 알 수 있다.

하나님에 대한 이해는 이성적 이해라기보다는 계시에 의한 신앙적 이해다. 신학이 철학과 다른 점도 계시를 중시하는 데 있다. 이성을 중시하지만 계시라는 근본적 전제가 따른다. 계시는 크게 두 가지 방식으로 이해되어 왔다. 자연을 통해 하나님을 더듬어 유추하는 일반 계시, 성서나 예수 그리스도를 통해 하나님을 알게 되는 특별 계시가 그것이다. 이 점을 우리는 예수 그리스도를 다루는 장에서 비교적 상세히 살펴보았다.

예수는 하나님의 아들로 이 땅에 태어났으나 역사적 예수는 고통을 받았고, 십자가에서 죽었다. 십자가에 달려 죽은 예수를 바라보는 시각은 다양하다. 그러나 크게 두 가지로 해석하면 하나는 계몽주의적 시각에 따른 이성적이고 합리적 해석이고, 다른 하나는 하나님의 아들 예수 그리스도에 대한 신앙적 해석이다. 예수에 대한 합리적 이성적 이해는 예수의 부활 사건을 놓고 각양각색의 해석을 낳았다. 이른바 예수의 시체를 도난당했다는 도난설, 예수가 죽은 것이 아니라 잠시 기절했을 뿐이라는 기절설 등이다. 그러나 예수를 추종했던 제자들은 무덤에서 다시 부활한 예수를 목격했고 갈릴리 등지에서 다시 만나 제자도의 임무를 부여받기도 했다는 것이 성서의 증언이다.

과거 2천 년 이상 끊임없이 인간과 하나님 그리고 세계의 운명이라는 근본적 주제를 다루고 있는 성서는 특히 계몽주의 이후부터 현대에 이르기까지 그 권위에 대해 도전을 받아오고 있는 것이 사실이다. 마치 칸트가 "내 자신의 힘으로 생각하라"는 이성적 선언 이후에 계몽주의는 더욱 성서의 권위를 실추시켜 왔다. 그러나 그럼에도 불구하고 성서는 여전히 인류에게 해방과 구원의 메시지를 선포하고 있다. 16세기의 종교 개혁자들에게서 성서의 권위는 최고조에 달했다. 그들에게 성서의 권위는 그 어떤 전통보다 우위에 있었고, 그러한 권위는 하나님의 은총과 죄인에 대한 해방의 메시지를 선포하는 복음 그 자체에서 기인한 것이었다.

성서는 또 하나의 속박이 아니라 자유와 해방의 기쁨을 선물하는 근원이었다. 특히 출애굽 전통에 잘 나타나 있듯이, 구약성서의 메시지는 이스라엘 역사 속에서 해방과 구원의 하나님으로 선포된다. 그리고 신약성서 또한 예수 그리스도를 통해 나타난 하나님의 궁극적인 해방의 사역을 전하고 있다. 비록 현대인들에게 성서의 권위가 흔들기고 있긴 하지만 그리스도교 정신과 신학 자체의 위기라고 단정 지을 수는 없다. 오히려 **그리스도교 신학은 현대의 이성적 비판을 겸허히 수용하면서 계시적 진실과 이성의 몫을 차분히 구분하며 설명해야 한다.**

교회의 권위주의 전통은 이제 더 이상 설 자리가 없다. 교회의 참된 모습은 예수가 전한 하나님 나라의 통치를 보여주는 곳이어야 한다. 교회는 봉사하고 사랑으로 섬기며 신뢰하는 하나님의 백성이 모인 곳이다. 그러므로 **교회는 하나님의 통치 즉, 성령이 인도하는 공동체이자 하나님 나라의 전조를 보여주는 거룩한 성찬 공동체이다.** 교회는 죄인들이 모인 곳이지만 동시에 거룩한 공동체이다. 죄의 용서와 은혜가 함께하기 때문이다. 교회는 예수 그리스도를 머리로 하는 하나의 몸으로서 단일성을 지닌다. 그럼에도 다양한 기능을 가질 수 있으므로 획일적 지배가 이루어져는 안 된다. 교회가 교리적 해석을 다르게 함으로써 교파의 분열을 가져오기도 했다. 그러나 성서적 가르침에 충실 한다면 교회는 예수가 가르치는 신앙의 보편적 가르침을 따라야 하는 것과 신실한 하나님의 백성으로서의 거룩함을 지니고 유일한 대사제요

중개자이신 그리스도를 따라 만인사제로서의 직무를 수행하는 일을 게을리 하지 말아야 할 것이다. 이는 곧 세계 속의 봉사와 복음의 증언이라는 역할을 충실히 하는 것이리라. 이러한 교회의 중단 없는 복음의 선포를 통해 세계는 구원을 경험하게 될 것이고 더 이상 개인적인 죽음은 물론 공동체적 죽음의 위기를 극복 할 수 있을 것이다.

교회는 오늘날 다원화된 세계 속에서 다른 종교, 문화와 피할 수 없는 관계에 직면해 있다. 세계의 다양한 문화와 전통 속에서 그리스도교는 어떤 위치를 차지하고 있으며 앞으로 그리스도교의 방향은 어떻게 전개될 것인가를 세계 문화사적 전망에서도 생각해 보아야 한다. 지금까지 서양에서는 다른 종교에 비해 그리스도교의 우월성을 주장해 왔다. 그러나 동양의 종교 전통을 지니고 있는 자들의 편에서는 결코 그리스도교를 더 우월한 것이라고 보지 않는다. 더구나 이슬람 세계와 그리스도교는 오늘날도 여전히 충돌을 계속 빚고 있다. 종교 간의 갈등과 대립이 점차 첨예화 해지고 있는 실정이다.

이러한 시점에 그리스도교의 복음은 무엇을 말하고 있는가? 단지 산상수훈에 나타난 평화의 복음만으로 세계 평화 유지에 기여 할 수 있을 것인가? 13억 인도에 대부분이 힌두교도이고 중동의 인구 대부분이 이슬람교이며 동남아 대부분이 필리핀 같은 일부를 제외하면 불교도가 아니면 이슬람교도들이다. "하나님은 성서에서도 말씀하시고, 우리 내면의 깊은 심연에서도 말씀하시며, 또한 '이방인'의 말을 통해서도 우리에게 말씀하신다."(토마스 머튼)는 말을 다시 한 번 새기면서 다양한 세계의 종교들 사이에서 그리스도교의 역할은 무엇이며, 복음은 무엇인가를 모든 그리스도인은 진지하게 자문해 보아야 할 것이다.

참고문헌

강성도, 『화이트헤드의 과정철학 입문』, 서울: 조명문화사, 1992.

기준서, 『신약교회론』 서울: 그리스도신학대학출판부, 1996.

민대훈, 『바르트와 레비나스가 본 형상금령 해석』, 서울: B&A, 2006.

박창환, 『성경의 형성사』, 서울: 대한기독교서회, 2006.

신사훈, 『예수 그리스도의 부활과 그 의의』, 서울: 새싹교회출판부, 1978.

이은선, 이경, 『이신의 슐리어리즘과 영의 신학』, 서울: 종로서적, 1992.

장성영, 『환원예배의 원리』, 서울: 태광출판사, 2005.

최윤권, 『교회가 하나 되는 길』 서울: 홍익제, 1995.

최재운, 『기독교교리사』, 서울: 태광출판사, 2001.

A. Campbell, ed., *The Christian Baptist, Vol 1,* (Nashville, Gospel Advocate Company, 1955)

A. Ganoczy, *The Young Calvin*, (Philadelphia: The Westminster Press, 1987)

B. J. Humble, *The Missionary Society Controversy in the Restoration Movement(1823-1875)* (Michigan, 1964)

B. S. 차일즈, 『구약정경개론』, 김갑동 역, 서울: 대한기독교출판사, 2005.

D. 본회퍼, 『그리스도론』, 이종성 역, 서울: 대한 기독교서회, 1979.

D. L. 미글리오리, 『조직신학 입문』, 이정배 역, 서울 : 나단 출판사,
　　1994.

E. 부르너, K. 바르트 『자연신학』, 김동건 역, 서울, 한국장로회출판
　　사, 2000.

G. 로핑크, 『예수는 어떤 공동체를 원했나?』, 왜관: 분도출판사, 1987.

G. 에반스, 『그리스도교 이단의 교회사적 이해』, 최복태 역, 서울:
　　크리스천헤럴드, 2004.

G. 타이센, 『역사적 예수연구』, 손성현 역, 서울: 다산글방, 2005.

H. 큉, 『교회란 무엇인가』, 이홍근 역, 왜관: 분도출판사, 2005.

..........., 『위대한 그리스도교 사상가들』, 이양호, 이명권 역, 서울:
　　크리스천헤럴드, 2006.

..........., *Structures of the Church* (New York: Thomas Nelson &
　　Son, 1964)

H. 베르코프, 『기독교 신앙론』, 신경수 역, 서울: 크리스천다이제스
　　트, 1999.

H. J. 크라우스, 『조직신학』, 박재순 역, 서울: 한국신학연구소, 2000.

J. D. 고드세이, 편저, 『칼 바르트와의 대화』, 서울 : 대한 기독교서
　　회, 1977.

J. D. Murch, *Christians Only,* (Cincinnati, Standard Publishing)

J. 몰트만, 『창조 안에 계신 하느님』, 김균진 역, 서울: 한국신학연
　　구소, 2004.

............., 『성령의 능력 안에 있는 교회』, 박봉랑 외, 서울: 한국신
　　학연구소, 2003.

J. 예레미아스, 『예수 시대의 예루살렘』, 한국신학 연구소 번역실, 서
　　울: 한국신학연구소, 1989.

K. Barth, *Dogmatics in Outline,* (New York : Harper, 1959)

............., *Church Dogmatics : A Selection,* (New York : Harper,
　　1961)

............., *Church Dogmatics* (Edinburgh : T. & T. Clark, 1962)

............., *Evangelical Theology : An Introduction* (Grand Rapids

: Eedrmans, 1963)

L. A. 포이어바흐, 『기독교의 본질』, 김쾌상 역, 서울: 까치, 1992.

L, Berkhop, *Systematic Theology,* (Grand Rapids: Eddrmans, 1931)

L. 로이드 존스, 『사도행전 강해』, 서울: 복있는 사람, 2005.

M. J. 에릭슨, 『조직신학개론』, 나용화, 황규일 공역, 서울: 2001.

N. A. 베르자예프, 『그리스도교와 계급투쟁』, 정용섭 역, 서울: 대한
　　　기독교서회, 1977.

P. C. 하지슨, R. H. 킹, 『현대 기독교 조직신학』, 윤철호 역, 서울:
　　　한국장로교출판사, 2003.

P. 틸리히, 『조직신학』, 유장환 역, 서울: 한들출판사, 2001.

R. A. 토레이, 『성령세례』, 최복태 역, 서울: 크리스천헤럴드, 2006.

R. M. 트리스타노, 『환원운동의 역사와 근원』, 기준서 역, 서울 : 그
　　　리스도 대학교, 2005.

S. 그렌즈, 『조직신학』, 신옥수 역, 서울, 2006.

S. C. 구스리에, 『기독교 신학입문』, 김영선 역, 서울: 은성, 1998.